W0186012

DON BOSCO

Jeanette Boetius

SCHUL-VORBEREITUNG MIT JUNGS & Mädchen

Die besten Methoden und Praxisideen für das letzte Kita-Jahr

DON BOSCO

Jeanette Boetius hat Mathematik studiert und ist Sozialpädagogin (FH). Sie ist freiberuflich in der ErzieherInnen-Fortbildung tätig, u. a. mit den Themen „Spielen und Lernen“ und „naturwissenschaftliche Förderung“. Mit ihrer Familie lebt sie in München.

Gerne nehmen wir Ihre Anregungen, Wünsche, Kritik oder Fragen entgegen:
Don Bosco Medien GmbH, Sieboldstraße 11, 81669 München
anregungen@donbosco-medien.de
Servicetelefon: (089) 48008-341

Bibliografische Information der Deutschen Nationalbibliothek
Die Deutsche Nationalbibliothek verzeichnet diese Publikation in der Deutschen Nationalbibliografie; detaillierte bibliografische Daten sind im Internet über http://dnb.d-nb.de abrufbar.

1. Auflage 2015 / ISBN 978-3-7698-2164-2
© 2015 Don Bosco Medien GmbH, München
www.donbosco-medien.de
Umschlag und Layout: ReclameBüro, München
Fotos: Jeanette Boetius, © Don Bosco Medien GmbH
Lektorat: UNGER-KUNZ. Lektorat und Redaktionsbüro
Satz: Don Bosco Medien GmbH, München
Produktion: Don Bosco Druck & Design, Ensdorf

Gedruckt auf umweltfreudlichem Papier

Inhalt

Über dieses Buch

Bei Fortbildungen, die ich zum Bereich „Schulvorbereitung“ durchführe, werden speziell die Jungs immer wieder als problematisches Thema angesprochen: ihr großer Bewegungsdrang, ihre im Vergleich zu den Mädchen oft geringer ausgebildete Feinmotorik, ihre fehlende Motivation usw. Die Erzieherinnen und Erzieher machen sich zu diesem Thema viele Gedanken und manche haben auch Sorgen im Hinblick auf den Übergang der Jungen in die Schule.
Seit über zwei Jahren begleite ich in einer Münchner Kindertagesstätte Kinder in ihrem letzten Kita-Jahr. Dabei waren so manche Jungs auch für mich eine besondere Herausforderung und auch ich habe mir manchmal Sorgen gemacht wegen ihres Bewegungsdrangs, ihrer weniger gut ausgebildeten Feinmotorik und ihrer mangelnden Motivation ... Aber ich habe dabei schnell gelernt, ihre besonderen Bedürfnisse und Interessen, ihr dynamischeres Verhalten und ihre manchmal vorhandene Lustlosigkeit ernst zu nehmen. Aus der „Herausforderung Jungs“ wurde so die große Chance, ganz allgemein zu einer Form der Schulvorbereitung zu gelangen, die stark auf die Individualität der Kinder setzt und somit positiv sowohl für Jungen als auch für Mädchen ist.
Von dieser Chance handelt das vorliegende Buch. Es ist entstanden aus meinen eigenen Erfahrungen mit diesem Thema und aus Impulsen, die ich im Austausch mit anderen erhalten habe. Es soll Ihnen Möglichkeiten aufzeigen, wie Sie die „Herausforderung Jungs“ angehen und den jungs-spezifischen Bedürfnissen bezüglich der Schulvorbereitung gerecht werden können. Neben grundsätzlichen theoretischen Überlegungen und wissenschaftlichen Hintergrundinfos finden Sie in diesem Band viele Praxisbeispiele, Materialien und Anregungen, die im Alltag einer Kindertagesstätte einfach umzusetzen sind.

Jeanette Boetius

Jungs sind schwierig – oder?

„Jungs sind anstrengend, schwierig und versagen häufig in der Schule." Sätze wie dieser sind in der öffentlichen Diskussion oft zu hören und zu lesen. Die Erziehung und Bildung von Jungen ist ein bedeutendes Thema geworden, das von verschiedenster Seite aus kontrovers diskutiert wird. Da werden Unterschiede zwischen bzw. Gemeinsamkeiten von Jungen und Mädchen aufgeführt, wissenschaftliche Studien zitiert, interpretiert und widerlegt und es wird nach den Ursachen für die zu beobachtenden Entwicklungsdifferenzen zwischen den Geschlechtern geforscht. Die unterschiedlichen Standpunkte, die es zu diesem Thema gibt, sind teilweise auch weltanschaulich begründet. Dabei ist die gesamte Bandbreite von Anschauungen vertreten, von: „Es gibt überhaupt keine Geschlechterunterschiede" bis hin zu: „Der Junge an sich ..."
Da die Diskussion über die Erziehung und Bildung von Jungen aus diesem Grunde nur sehr schwer objektiv zu beurteilen ist, sollen im Folgenden erst einmal einige aktuelle Ergebnisse der Gender- und Bildungsforschung wiedergegeben werden. Diese sind auch für das Verständnis der im Buch beschriebenen Vorgehensweise bei der Schulvorbereitung für Jungs hilfreich.

Ein Junge und zwei Mädchen arbeiten gemeinsam an einem Legebrett

Jungs sind Bildungsverlierer

Betrachtet man die verschiedenen Studien zur Schullaufbahn von Jungen, dann scheinen diese schon vor bzw. beim Eintritt in die Grundschule benachteiligt zu sein. Eine schon etwas ältere Untersuchung zum Übergang in die Grundschule (vgl. Niesel, 2001b) zeigte z. B., dass die Jungs bereits an den schulvorbereitenden Maßnahmen weniger bereitwillig teilnahmen und auch weniger Spaß daran zeigten als die Mädchen. Es werden auch weit mehr Jungs als Mädchen vom Schuleintritt zurückgestellt oder als „Kann-Kinder" erst ein Jahr später eingeschult (vgl. Diefenbach, 2012, S. 109). Allein mit Entwicklungsdifferenzen kann dieser Umstand jedoch nicht ausreichend erklärt werden.
Jungen besuchen zudem zu einem geringeren Prozentsatz als Mädchen Schulen, die mit einem höheren Schulabschluss enden. Im Schuljahr 2012/13 waren beispielsweise 56% der Hauptschüler und 64% der Förderschüler Jungen (Statistisches Bundesamt, 2014). Auch der Anteil derjenigen, die eine Klasse wiederholen, ist bei Jungs bereits in der Grundschule höher als bei Mädchen. Deutlich mehr Jungen als Mädchen verlassen schließlich die Schule ganz ohne Schulabschluss (vgl. Diefenbach, 2012, S. 110).

Jungs entwickeln sich anders

(vgl. dazu Rohrmann/Wanzeck-Sielert, 2014, S. 42)
Dass es Entwicklungsdifferenzen zwischen den Geschlechtern gibt, ist wissenschaftlich belegt: So sind Jungen von Geburt an anfälliger für Krankheiten als Mädchen. Sie sind auch häufiger von Entwicklungsstörungen und psychosozialen Auffälligkeiten betroffen. Ebenso unterscheidet sich die sozial-emotionale Entwicklung von Jungen und Mädchen schon im Kleinkindalter. Mädchen zeigen eine größere Sensibilität für ihr soziales Umfeld, während Jungs eher emotional impulsiv sind.
Die Unterschiede in der kognitiven Entwicklung von Jungen und Mädchen sind dagegen vergleichsweise gering. Das männliche und das weibliche Gehirn weisen

zwar physiologische Unterschiede auf, es kann daraus aber nicht eine unterschiedliche Leistungsfähigkeit abgeleitet werden.
Mädchen haben einen allgemeinen Entwicklungsvorsprung. Dieser beträgt bis zum frühen Erwachsenenalter ca. ein bis zwei Jahre. Im Bereich der körperlichen Entwicklung sind die Unterschiede bis zum Beginn der Pubertät allerdings weniger deutlich (vgl. Rohrmann/Wanzeck-Sielert, 2014, S. 28). So gibt es bis zu diesem Alter z. B. bezüglich der körperlichen Kraft keine signifikanten Unterschiede zwischen Jungen und Mädchen.
Betrachtet man die Entwicklungsdifferenzen zwischen Jungen und Mädchen, dann zeigen sich diese besonders in zwei Bereichen: in der Motorik und in der Sprachfähigkeit.

Motorik

(vgl. dazu Hannover/Schmidthals, 2007)
Im Alter von 5 Jahren zeigen Mädchen eine bessere Feinmotorik als Jungen. Zudem sind sie bei der Koordination von Bewegungen und bei Tätigkeiten, die einen ausgeprägten Gleichgewichtssinn erfordern, überlegen. Die Jungs dagegen verfügen in bestimmten Bereichen, wie Werfen, Springen und Rennen, über die besseren grobmotorischen Fertigkeiten.

Sprache

(vgl. dazu Rohrmann/Wanzeck-Sielert, 2014, S. 127ff.)
Auch bezüglich der Sprachentwicklung haben Mädchen einen leichten Vorsprung und besser entwickelte Fähigkeiten. Dieser Vorsprung zeigt sich in allen Bereichen der Sprache, ist aber im Kleinkindalter deutlicher ausgeprägt und verringert sich bis zum Ende der Kindergartenzeit wieder etwas. Zwar sind die Unterschiede im Sprachvermögen von Jungen und Mädchen, über die man vielerorts lesen kann, zum Zeitpunkt des Schuleintritts tatsächlich nachweisbar und die Fähigkeiten der Mädchen in diesem Bereich sind, statistisch gesehen, in der Tat besser. Der allgemeine Vorsprung der Mädchen wird jedoch dadurch relativiert, dass

die Unterschiede im Sprachvermögen innerhalb der Gruppe der Jungen deutlich größer sind als bei den Mädchen. So befanden sich z. B. im Jahr 2013 25% der sechsjährigen Jungen in sprachtherapeutischer Behandlung (vgl. WIdO – Wissenschaftliches Institut der AOK, 2013).
Zu Beginn der Grundschulzeit werden die Unterschiede in der Sprachentwicklung dann wieder deutlicher sichtbar (vgl. Rohrmann/Wanzeck-Sielert, 2014, S. 43). Das Lesenlernen fällt den Mädchen leichter als den Jungs und in der Gruppe der Legastheniker finden sich zwei- bis dreimal so viele Jungen wie Mädchen.
Auch die Kommunikationsstile von Jungen und Mädchen unterscheiden sich bereits im Kindergarten voneinander. So sprechen Mädchen häufiger als Jungen über sich selbst. Mit den unterschiedlichen Spielwelten von Mädchen und Jungs gehen auch unterschiedliche Ausdrucksformen einher: Beim Raufen z. B. wird anders gesprochen als etwa beim Rollenspiel. Sowohl Jungen als auch Mädchen zeigen sich, insgesamt gesehen, jeweils in denjenigen Bereichen sehr sprachgewandt, die ihren Spielinteressen entsprechen, in anderen Bereichen dagegen weniger.

Jungs haben ein anderes Spiel- und Sozialverhalten

(vgl. dazu Niesel, 2001b)
Das Spielverhalten von Jungs unterscheidet sich ebenfalls von dem der Mädchen. Zwar ist beiden gemeinsam, dass sie ab etwa dem dritten Lebensjahr eher gleichgeschlechtliche Spielpartner bevorzugen, wenn sie die Spielsituation weitgehend selbst gestalten können. Während jedoch die Mädchengruppen in Kindertageseinrichtungen meist nur aus zwei oder drei Kindern bestehen, bewegen sich die Jungs eher in größeren Gruppen. Ihr Spiel ist körperbetonter (Raufen, Toben) und es neigt mehr dazu, in Aggressivität überzugehen als das der Mädchen. Jungen zeigen sich im Spiel aktiver und bevorzugen Konstruktionsspiele, Spiele mit Bällen oder die Arbeit mit Werkzeugen. Mädchen dagegen basteln und malen lieber und bevorzugen Rollenspiele (vgl. Hannover/Schmidthals, 2007, S. 424ff.).

Jungs gehen in der Kita anders miteinander um als Mädchen

Jungengruppen sind wesentlich stärker hierarchisch organisiert (es gibt beispielsweise „Chefs“ und „Unterchefs“) und Rivalität ist in ihnen ein großes Thema. Sie versuchen, sich stärker von der Welt der Erwachsenen abzugrenzen als Mädchengruppen und reagieren dabei auch weniger auf Spielimpulse von außen. Dabei agieren Jungs im Kindergartenalter generell oft selbstbewusster gegenüber Erwachsenen als Mädchen (vgl. Hannover/Schmidthals, 2007, S. 424ff.).
Umstritten ist nach wie vor die Frage, was die Ursachen für die beobachteten Unterschiede im Verhalten und in der Entwicklung von Jungen und Mädchen sind. Die Erklärungsansätze reichen von Modellen, die dafür allein die soziale Umwelt – vor allem den unterschiedlichen Umgang mit Jungen und Mädchen und die Rollenvorbilder in unserer Gesellschaft – verantwortlich machen, bis hin zu Ansätzen, welche allein die Gehirnentwicklung als ursächlich dafür ansehen. Am ehesten zutreffend ist aber wohl ein multikausales Erklärungsmodell (vgl. Niesel, 2001b).

Jungs werden in der Kita anders behandelt

(vgl. dazu Blossfeld/Bos u. a., 2009, S. 74ff.)
Nicht nur die Kinder selbst zeigen geschlechtsspezifische Unterschiede in Verhalten und Entwicklung. Auch die Erzieherinnen und Erzieher gehen mit den Jungs anders um als mit den Mädchen:

- Über das Spielverhalten von Jungen wird eine größere Kontrolle ausgeübt.
- Gegenüber Mädchen agieren die Erwachsenen in Kindertagesstätten eher ermunternd, gegenüber Jungen eher zurechtweisend.
- Mädchen scheinen in ihrem Verhalten mehr Unterstützung von den Erwachsenen zu erfahren.

Der unterschiedliche Umgang mit den Kindern wird dabei meist von den folgenden beiden pädagogischen Haltungen bestimmt: Zum einen gibt es die Vorstellung, dass Jungen generell eine stärkere Anleitung brauchen als Mädchen, und zum anderen folgt man dem Grundsatz, dass Mädchen auf keinen Fall gegenüber den Jungs benachteiligt werden dürfen. Werden diese beiden Haltungen aber zu dominant, dann kann das wiederum zu einer Benachteiligung der Jungen führen.

Nicht für die Schule, sondern für das Leben lernen wir ...

Die Diskussion um die Vorbereitung auf den Übergang in die Schule ist von vielen grundsätzlichen Fragen bestimmt, so z. B.:

- Benötigen wir wirklich eine separate Förderung für Kinder im letzten Kita-Jahr?
- Ist nicht die ganze Zeit in der Kindertagesstätte schon genug Vorbereitung auf die Schule?
- Ist der Übergang in die Schule nicht etwas ganz Natürliches und Altersangemessenes und ist die Schule nicht etwas, das ab einem gewissen Alter entwicklungsmäßig einfach passender ist als der Kindergarten?

Die Pädagoginnen und Pädagogen in den Kindertagesstätten und Schulen sind sich in Bezug auf die Beantwortung dieser Fragen uneinig. Viele Eltern stellen jedoch im letzten Kita-Jahr auf einmal – und oft aus einer Unsicherheit heraus – besondere Anforderung an die Erziehung und Betreuung ihrer Kinder. Um in diese Diskussion etwas Klarheit zu bringen, werden im Folgenden zunächst einige grundlegende Begriffe geklärt, die in Zusammenhang mit dem Übergang in die Schule stehen.

Schulfähigkeit – was ist das eigentlich?

Der Begriff der „Schulfähigkeit" hat inzwischen den Begriff der „Schulreife" ersetzt. Damit soll dem Umstand Rechnung getragen werden, dass die Kompetenzen, die für den Schulbesuch erforderlich sind, nicht einfach durch biologische Vorgänge bzw. physiologische Merkmale bestimmt werden, sondern erlernt werden können. Eine einheitliche Definition dessen, was unter Schulfähigkeit zu verstehen ist, ist nur schwer möglich, zumal Schulen die Schuleingangsphase oft auch ganz unterschiedlich gestalten. Dennoch gibt es einige Merkmale von Schulfähigkeit, über die Einigkeit zu bestehen scheint. Üblicherweise werden diese in vier Bereiche unterteilt, und zwar in den emotionalen, den sozialen, den motorischen und den kognitiven Bereich.

HINTERGRUND

Die vier Basiskompetenzen bezüglich der Schulfähigkeit

(vgl. dazu Krenz, 2006, S. 85 und Niesel, 2001a)

- Zur **emotionalen Schulfähigkeit** gehören Belastbarkeit, ein gutes Selbstbewusstsein, die Fähigkeit, mit Enttäuschungen umgehen zu können und eine positive, zuversichtliche Umgangsweise mit neuartigen Situationen.
- Mit **sozialer Schulfähigkeit** wird die Fähigkeit des Kindes bezeichnet, sich als Mitglied einer Gruppe zu verstehen und sich in diese auch als Individuum einfügen und wirksam werden zu können. Hinzu kommt, dass das Kind Regeln erfassen und umsetzen kann, Problemlösungskompetenzen zeigt und über so viel Selbstständigkeit verfügt, dass es ohne dauernde direkte Zuwendung von Erwachsenen bestehen kann.
- Die **motorische Schulfähigkeit** hängt mit der allgemeinen körperlichen Entwicklung und dem Gesundheitszustand des Kindes zusammen. Sie beinhaltet eine gute körperliche Belastbarkeit ebenso wie einen guten Gleichgewichtssinn, Koordinationsfähigkeiten und eine gute Finger- und Handgeschicklichkeit.
- Die **kognitive Schulfähigkeit** schließlich bezeichnet nicht den Wissenstand des Kindes zu bestimmten Themengebieten, sondern die Fähigkeiten, welche aus kognitiver Sicht ein erfolgreiches Lernen ermöglichen. Hierzu gehören Konzentrationsfähigkeit und eine gewisse Ausdauer ebenso wie eine differenzierte auditive und visuelle Wahrnehmungs- und Merkfähigkeit. Außerdem beinhaltet sie die Fähigkeit zum konkret-logischen Denken.

Zusätzlich zu diesen vier Bereichen halte ich es für wichtig, dass die Kinder auf folgenden Gebieten grundlegende Kompetenzen besitzen:

- Eine **Sicherheit im Zahlenraum bis 10.** Um rechnen zu lernen, ist es notwendig, abzählen zu können und eine elementare Vorstellung vom Zahlenraum zu besitzen.
- Eine **elementare phonologische Bewusstheit.** Für die derzeit verbreitete Methode, das Schreiben mithilfe der Anlaute zu lernen, ist es von zentraler Bedeutung, dass die Kinder diese Anlaute bereits durch das Hören unterschieden können.

Über die eben erwähnten Schulfähigkeitskriterien wird viel diskutiert und obwohl man sich im Allgemeinen darüber einig ist, das nahezu kein Kind alle diese Kriterien gleichzeitig und optimal erfüllen kann, spielen sie bei der Beurteilung der Frage, ob es schon die Schule besuchen kann, eine große Rolle. In der Zeit vor der Schuleinschreibung sind Elternzeitungen und Internetseiten daher regelmäßig gefüllt mit Kriterienkatalogen, was ein Kind schon alles können müsste und wie das Elternhaus und der Kindergarten hier noch steuernd eingreifen könnten. Obwohl auch ich sehe, dass es bestimmte Fähigkeiten und Kompetenzen gibt, die den Kindern den Schulstart deutlich erleichtern, möchte ich die Frage aber doch von einer anderen Seite angehen: Ich unterstelle hier zunächst einmal, dass alle in den Schulfähigkeitskriterien angesprochenen Kompetenzen Dinge sind, welche die Kinder schon von sich aus selbst lernen wollen, und dass wir somit ohnehin aufgefordert sind, sie dabei zu unterstützen und ihnen die notwendige Umgebung hierfür bereitzustellen. So gesehen, ist dann das Motiv für eine vorschulische Förderung nicht das bloße Erreichen der Schulfähigkeitskriterien, damit im Idealfall jedes Kind ohne allzu große Schwierigkeiten den Übergang in die Schule bewältigen kann. Es geht vielmehr darum, sich den sich entwickelnden und immer weiter fortschreitenden Interessen und kognitiven Bedürfnissen der Kinder zu stellen und sie in der pädagogischen Arbeit ernst zu nehmen.
Ich habe in meiner Arbeit mit Kindern im letzten Jahr vor dem Schuleintritt die Erfahrung gemacht, dass sie häufig etwas anderes wollen als in der Zeit davor. Bei vielen ist das Interesse für Zahlen und auch schon für das Rechnen erwacht, sie interessieren sich für Buchstaben oder haben in anderen Bereichen einen großen Wissensdurst. Sie artikulieren auch, dass sie sich bestimmten Themen

Ein Junge sucht unterschiedliche Zugänge zur Zahl 100

intensiver zuwenden wollen und dass sie – in einem fast schon schulischen Sinne – Neues lernen möchten.
Ich würde die Frage, ob die Kinder im letzten Kita-Jahr eine besondere Förderung benötigen, also folgendermaßen beantworten: Die Vorbereitung auf die Schule beginnt bereits mit dem Eintritt in die Kita und um ein Kind auf dem Weg zur Schulfähigkeit zu begleiten, benötigt man eigentlich gar keine besondere Förderung im letzten Kita-Jahr. Dies setzt jedoch eine kontinuierliche Arbeit mit den Kindern von Anfang an voraus. Um allerdings die sich verändernden Interessen und Lernbedürfnisse der Kinder ernst zu nehmen und ihrer besonderen Rolle gerecht zu werden, halte ich es dennoch für zentral wichtig, das letzte Jahr vor der Einschulung für sie besonders zu gestalten.

AUS DEM KITA-ALLTAG

Bei meiner Arbeit mit Kindern im letzten Kita-Jahr habe ich immer wieder beobachten können, dass dieses Jahr für sie etwas ganz Besonderes ist: Viele von ihnen betreten am ersten Tag nach den Sommerferien die Einrichtung mit den Worten: „Jetzt bin ich ein Vorschulkind!“

Für die Kinder ist das letzte Kita-Jahr etwas ganz Besonderes. Sie scheinen schon zu Beginn dieses Jahres zu spüren, dass sich etwas ändern wird. Vorschulkind zu sein, bedeutet viel mehr als nur die Rolle der „Großen“ in der Kita zu haben. Sicherlich ist die situationsorientierte, „natürliche“ und von ihnen selbst gesteuerte Art des Lernens ihrer Entwicklung weit angemessener als ein verschulter Unterricht. Trotzdem ist für viele das klassische Angebot des Kindergartens nicht mehr ausreichend. Die am weitesten verbreitete Gestaltungsvariante einer solchen Schulvorbereitung sind ein oder zwei wöchentliche Vorschulstunden, an denen nur die Vorschulkinder teilnehmen. Es gibt in der Praxis aber auch Modelle, bei denen die Kinder des letzten Kita-Jahres an jedem Tag beispielsweise die Mittagszeit altershomogen verbringen. Und wieder andere Einrichtungen prak-

Zwei Jungen spielen konzentriert ein Brettspiel

tizieren die Vorschulstunden gar nicht mehr, sondern arbeiten projekthaft mit wechselnden Kleingruppen.

Verschiedene Organisationsmodelle bei der Schulvorbereitung

Ich nehme in der Praxis zwar wahr, dass die Kinder des letzten Kita-Jahres das Bedürfnis haben, als die „Großen" „unter sich" zu sein, allerdings ist das nicht ihr einziges Bedürfnis. Deshalb sollte bei allen Modellen der Schulvorbereitung darauf geachtet werden, dass die Vorschulkinder auch in wesentlichem Maße am allgemeinen Alltag der gesamten Kindertagesstätte teilnehmen – zumal ja auch dieser eine Reihe von Fördermöglichkeiten bietet. Die Rolle der „Großen" können die Vorschulkinder ja nur in einem altersgemischten Rahmen einnehmen.

Die Nutzung der Mittagszeit

Die Mittagszeit wird in vielen Einrichtungen zur Schulvorbereitung genutzt, weil allgemein angenommen wird, dass die Vorschulkinder keine Ruhepause mehr benötigten. Ich halte diese Tageszeit jedoch für ungünstig. Zum einen sind die motorisch aktiveren Kinder zu diesem Zeitpunkt häufig noch mit den Nachwirkungen des Mittagskreises und des Mittagessens beschäftigt und müssten sich eigentlich erst einmal richtig austoben können. Zum anderen sind aber auch diejenigen, die eher ruhebedürftig sind, jetzt nicht sehr konzentrationsfähig.

Die projekthafte Gestaltung der Schulvorbereitung

Manche Einrichtungen verzichten, wie gesagt, ganz auf eine regelmäßige Vorschulstunde. Sie gestalten die Vorschule lieber projekthaft. Das bedeutet in diesem Zusammenhang, dass sie immer wieder Impulse oder kleine Angebote speziell an die Vorschulkinder richten, an denen diese teilnehmen können. Das führt aber dazu, dass die Kinder im Tagesablauf immer wieder Entscheidungen darüber treffen müssen, was ihnen wichtiger ist – das gerade aktuelle Spiel oder das Angebot der Erzieherin oder des Erziehers. Schon allein das genügt jedoch bei manchen Kindern, um sie aus der Konzentration ihres Spiels herauszuholen. Meiner Erfahrung nach erleichtert dagegen eine eher klare Struktur vielen Kindern, und darunter besonders vielen Jungs, die Orientierung im Tagesablauf. Ich favorisiere deshalb eine Vorgehensweise, bei der die Kinder ein oder zwei Vormittage altershomogen als Vorschulgruppe verbringen. Auf diese Weise ist genügend Spielraum vorhanden, um auch zeitaufwendigere Dinge, wie z. B. Erkundungsgänge im Stadtteil, in dieser Zeitspanne durchzuführen. Außerdem kann so intensiver in einzelne Themen oder in die Freiarbeit (siehe dazu das Kapitel „Freiarbeit in der Vorschule – Individualität ernst nehmen") eingetaucht werden und man kann den Kindern zugleich auch individuelle Pausen ermöglichen.

Und was ist mit den „Kann-Kindern"?

Bei vielen Kindern ist es zu Beginn des letzten Kindergartenjahres noch nicht klar, ob sie im folgenden Jahr schon in die Schule kommen oder nicht. Das betrifft die sogenannten „Kann-Kinder", bei denen die Eltern über die Einschulung entscheiden, ebenso wie die regulär schulpflichtigen Kinder, aus deren Gruppe möglicherweise Kinder zurückgestellt werden.
In vielen Einrichtungen werden schon weit vor April Prognosen abgegeben, welche Kinder schulfähig sein werden und welche nicht. Von Letzterem sind besonders Jungs betroffen, da diese ja, wie erläutert, viel häufiger später eingeschult werden als die Mädchen (siehe oben, S. 9). Viele dieser Kinder werden daraufhin gar nicht erst mit in die Vorschule aufgenommen oder sie werden nach dem Dezember wieder aus ihr herausgenommen.
Ich halte solche Prognosen für verfrüht und kontraproduktiv. Solide einzuschätzen, ob ein Kind den Übergang in die Grundschule problemlos bewältigen kann oder nicht, ist aus meiner Sicht erst dann möglich, wenn dies dem Kind erst einmal per se zugetraut wurde. Nicht selten kann man nämlich beobachten, dass die Kinder an der Rolle des Vorschulkindes immens wachsen.
Zudem ist es, wie gesagt, weitverbreitet, Kinder, bei denen nach der Einschreibung klar wird, dass sie zurückgestellt werden oder noch nicht in die Schule gehen können, sofort aus der Vorschule zu nehmen. Dies empfinde ich als eine für die Kinder fatale Situation. Ihnen muss sich dabei förmlich der Eindruck aufdrängen, sie wären nun nicht mehr fähig genug, an der Vorschule teilzunehmen. Aus meiner Sicht kann ein Kind nämlich ohne Weiteres auch mal zwei Jahre lang die Vorschule besuchen. Das Zelebrieren des letzten Kita-Jahres ist sowieso nur ein geringer Bestandteil der Vorschularbeit. Die anderen, oben beschriebenen Funktionen der Schulvorbereitung sind dagegen viel weitergehender. Denn sie haben mehr mit der Entwicklung der kognitiven Fähigkeiten und der besonderen, individuellen Interessen zu tun als mit dem Umstand, ob ein Kind nun tatsächlich in die Schule gehen wird oder nicht. Aus dieser Überlegung heraus bin ich der Meinung, dass jedes „Kann-Kind" die Vorschule besuchen und auch dann dort verbleiben sollte, wenn klar ist, dass es noch nicht in die Schule gehen wird. Das Gleiche gilt für die zurückgestellten Kinder.

Wen interessiert's? – Themen mit und für Jungs finden

Partizipation – wer bestimmt, wo's langgeht?

So verschieden Jungs sind, so unterschiedlich sind auch die Themen, die sie interessieren. Dinge, die alle Jungs durchgängig interessieren, gibt es nicht. Es macht also keinen Sinn, einfach bestimmte Themen, wie z. B. „Ritter“ oder „Dinosaurier“, auszuwählen und die gewünschten Förderschwerpunkte dann anhand dieser Themen durchzuführen.
Meiner Erfahrung nach geht es vielmehr um die Frage, wie man sich einem bestimmten Thema nähert, wie die Themen ausgewählt werden und wie die Jungs an dieser Auswahl beteiligt werden. Kinder in ihrem letzten Kindergartenjahr haben nämlich schon sehr genaue Vorstellungen und verstehen, welche Aufgaben die Vorschule hat. Sie können und müssen deshalb an der gesamten Gestaltung der Vorschule, einschließlich der Planung und der Reflexionsphasen, beteiligt werden.

HINTERGRUND

Partizipation als gesetzliche Vorgabe

Der umfassende Auftrag, die Kinder an der Gestaltung des pädagogischen Tuns teilhaben zu lassen, resultiert direkt aus den gesetzlichen Vorgaben. Das Kinder- und Jugendhilfegesetz formuliert dies folgendermaßen: „Kinder und Jugendliche sind entsprechend ihrem Entwicklungsstand an allen sie betreffenden Entscheidungen der öffentlichen Jugendhilfe zu beteiligen.“ (§ 8 Abs. 1 KJHG)

Da auch das Erreichen der Schulfähigkeit nicht von der Behandlung bestimmter Inhalte abhängig ist, ist es möglich, die Kinder einfach zu fragen, welche Themen sie bearbeiten wollen. Es ist aufregend zu sehen, dass hier jedes Jahr andere Dinge genannt werden. Diese Themenabfrage kann am Anfang des Kindergartenjahres erfolgen, muss dann aber immer wieder gemeinsam mit den Kindern reflektiert werden.

Jungs beim Überlegen und Themenvorschlagen

Eine zusammen mit den Kindern durchgeführte Ideensammlung ist einfach zu realisieren. Ich habe in der Praxis gute Erfahrungen mit Umfragen gemacht, die ganz so wie bei den Erwachsenen durchgeführt werden, und das auch bei großen Gruppen. Dabei wird im Plenum eine Frage gestellt und die Kinder sind dann aufgefordert, dazu ihre Meinung zu äußern. Einigen Kindern hilft es in diesem Zusammenhang, wenn man sie direkt anspricht und nach ihrer Meinung oder ihrem Vorschlag fragt.

Ist auf diese Weise gesammelt worden, welche Themen die Gruppe zu bearbeiten wünscht, dann wird gemeinsam entschieden, womit begonnen werden soll. Zu diesem Zweck können klassische Abstimmungsverfahren verwendet werden. Per Hand abzustimmen, funktioniert dabei genauso gut wie z. B. eine Gewichtung der Vorschläge durch Anbringen von Klebepunkten auf einer Tafel oder einem Plakat. Meiner Erfahrung nach mögen die Kinder auch die Flipchart besonders gern. Mithilfe von Piktogrammzetteln, auf denen jeder Vorschlag bildlich dargestellt ist, kann auch geheim abgestimmt werden. Allerdings müssen die Kinder dabei zuvor in die verwendeten Bilder eingeführt werden. Generell ist dazu zu sagen, dass ihnen eine aus unserer Sicht kindgerechtere Darstellungsweise eher weniger gefällt.

Unsere Aufgabe als Erwachsene ist es danach, die von den Kindern gewählten Themen aufzubereiten und die Umsetzung einzuleiten. Die Lerngegenstände werden dabei, je nach den Interessenslagen der Kinder, auf ganz unterschiedliche Weise realisiert. Manchmal ist ein Thema einfach zu verwirklichen, z. B. mit einem Ausflug, der gemeinsam mit den Kindern vor- und nachbereitet wird. Gelegentlich sind Themen auch mit einem ganz klassischen Angebot durchführbar, wo tatsächlich einmal alle Kinder dasselbe tun. Aus vielen Themen entstehen aber Projekte, die während der Schulvorbereitung in einem nicht genau zu definierenden Zeitraum bearbeitet werden.

HINTERGRUND

Was versteht man in der Kindergartenpädagogik unter einem „Projekt"?

(vgl. dazu Schumann, 2010 und Textor, 1999)
Projektarbeit ist ein viel diskutiertes Thema in der Kindergartenpädagogik und der Begriff wird gelegentlich fälschlicherweise auch für klassische Angebote benutzt, die eine längere Dauer haben. In der modernen Pädagogik wird unter „Projekt" eine Lernform verstanden, bei der Kinder, Erzieherinnen und Erzieher sowie andere Erwachsene gemeinsam Fragen entwickeln und Antworten auf diese Fragen suchen. Von zentraler Bedeutung ist hierbei die aktive Beteiligung der Kinder. Die Themen entspringen direkt ihrer Lebenswelt oder werden von ihnen vorgeschlagen. Die Kinder sind in allen Projektphasen aktiv. Sie werden in die Planung, die Diskussionen, die Durchführung, die Dokumentation und die Reflexion einbezogen. Die Dauer eines Projekts ist hierbei nicht zeitlich begrenzt: Das gewählte Thema wird so lange weiterverfolgt, wie die Kinder motiviert und daran interessiert sind.

Wie lange ein bestimmtes Thema die Kinder beschäftigen wird, kann also im Vorfeld nicht geplant werden. Manche Themen bleiben über Wochen hinweg interessant, manche sind für die Kinder innerhalb von zwei Stunden ausgiebig genug

behandelt. Natürlich liefert die Beobachtung der Kinder Anhaltspunkte, die signalisieren, ob sie noch weiter an einem Thema arbeiten möchten. Ich persönlich vertraue dabei aber nicht gänzlich auf diese Beobachtung und auf meine eigene Intuition. Denn manchmal kann ein Thema für die Kinder auch deshalb uninteressant werden, weil beispielsweise nicht die richtige Zugangsweise gewählt wurde. Daher ist es nützlich, die Kinder immer wieder detailliert zu befragen. Dies kann in der großen Runde in einem Kreis geschehen oder einfach nebenher während der Arbeit am Thema.
Häufig ist es auch der Fall, dass sich der Projektgegenstand im Laufe der Zeit mehr oder weniger schnell verändert.

AUS DEM KITA-ALLTAG

Unsere Vorschulkinder hatten sich gewünscht, das Thema „Körper" zu behandeln – einen Bereich, der auch die Vorschulkinder im Jahr davor sehr lange und in allen Details beschäftigt hatte. In beiden Jahren haben wir den Einstieg in das Thema mit einem Arbeitsblatt gemacht, das einen „leeren" Körper darstellt. Wir überlegten dann gemeinsam, welche Organe sich im Körper befinden und wo diese liegen. Wir lasen gemeinsam in Büchern nach und beobachteten es an einem Modell. In diesem Jahr war die Gruppe von vorneherein an den inneren Organen interessiert, besonders an den Verdauungsorganen. Die Sinnesorgane, die Muskeln und die Knochen interessierten die Kinder dagegen weniger, obwohl wir uns bemühten, auch dafür ihr Interesse zu wecken. Es blieb also bei Darm, Blase & Co. Wir bastelten Därme, überlegten uns genau den Weg der Nahrung und haben uns auch gefragt, wie das beispielsweise bei Insekten, Würmern oder Fischen ist. Und so kamen wir fast automatisch zum Thema „Ernährung" und über dieses zum Kochen. Aus unserem Körperprojekt war ein Kochprojekt geworden.

Anstrengungsbereitschaft und Motivation von Jungs

Bei der eben erläuterten partizipativen Herangehensweise an Projekte und an die Vorschularbeit kommt es also vor allem auch darauf an, die Motivation und das Interesse der Kinder an einem Thema in den Mittelpunkt zu stellen. Speziell bei den Jungs ist das Thema „Anstrengungsbereitschaft“ aber etwas, über das sich Erzieherinnen und Erzieher viele Gedanken machen. In der Tat kann man bei manchen von ihnen schon in der Kindertagesstätte in ganz unterschiedlichen Ausprägungen eine geringere Anstrengungsbereitschaft beobachten. Die Spannbreite reicht von dem Umstand, dass einigen Kinder bei manchen Aufgaben etwas „angeschoben“ werden müssen, bis hin zur kompletten Verweigerung, wenn Anforderungen an das Kind gestellt werden.
Gerade viele Jungs würden aber zu Beginn der Grundschulzeit eigentlich eine besonders gut ausgeprägte Bereitschaft benötigen, sich anzustrengen. Denn für sie sind die viele Arbeit im Sitzen, das Schreiben und die anderen feinmotorischen Herausforderungen oft mühevoller als für die Mädchen.

HINTERGRUND

Anstrengungsbereitschaft

(vgl. dazu Träbert, 2012 und Kommission „Anwalt des Kindes“, 2003)
Die allgemeine Leistungsmotivation wird in einem sehr frühen Entwicklungsstadium erlernt und stark durch frühe Erfahrungen beeinflusst. Sie formt sich im Spannungsfeld von Erfolgszuversicht und der Angst vor Misserfolg. Maßgeblich sind hierbei eine Reihe von Faktoren: zum einen die Erfahrung, dass einem etwas aus eigener Anstrengung heraus gelungen ist, zum anderen aber auch die Erfahrung von allgemeiner Wertschätzung oder die Ermutigung, die eigene Umwelt zu erforschen. Zusätzlich spielen Vorbilder und ein sinnhafter Alltagsbezug des Tuns eine Rolle.

Viele Jungs ecken in der Kita häufig an. Sie stehen im Fokus der Kritik und werden viel gemaßregelt. Besonders oft geht es dabei um ihren überschwänglichen Bewegungsdrang, also darum, dass sie sich in dieser Beziehung nicht an Regeln halten können wie z. B.: „Wir rennen nicht im Flur“ oder: „Wir wackeln im Stuhlkreis nicht auf dem Stuhl“.

Jeder von Ihnen kennt sicher Kinder, die unzählige Male auf die Einhaltung bestimmter Regeln hingewiesen werden müssen. Viele dieser Kinder strengen sich durchaus an, diese Regeln einzuhalten. Ihr Bewegungsbedürfnis ist allerdings so groß, dass es ihnen nicht immer gelingt. Andere wiederum vergessen im Spiel vielleicht einfach die Regeln oder müssen sich sogar bewegen, um sich konzentrieren zu können. All dies ist völlig altersangemessen. Trotzdem ist es schwierig, wenn sich dies im Alltag von Kindertagesstätten häuft.

Das dauernde Maßregeln, das vor allem bei den Jungs vorkommt, ist zudem für die Entwicklung einer allgemeinen Leistungsmotivation problematisch und sicherlich kontraproduktiv. Viele dieser Kinder haben das Gefühl, dass ihnen trotz Anstrengung nichts gelingt. Der Sinn ihrer Bemühungen wird somit prinzipiell infrage gestellt.

Zwei Jungen suchen sich einen neuen Spielbereich

Wenn er eigene Ziele verfolgt, strengt sich zunächst einmal jeder Mensch besonders an. Viele Jungen setzen sich ihre Ziele jedoch im Bereich der Bewegung und zeigen sich dort auch deutlich anstrengungsbereit. „Besonders schnell" oder „besonders hoch" kann hier eines ihrer Ziele sein. Allerdings werden sie dabei von den Erwachsenen meist sehr stark gebremst und bekommen deshalb in Kindertagesstätten, aber auch zu Hause in vielen Familien, schnell Grenzen gesetzt. Steigen sie z. B. besonders hoch hinauf, dann begegnen dem viele Erwachsene mit Angst oder verbieten es ihnen. Rennen sie besonders schnell, dann ist ihnen das auch nur draußen auf bestimmten Flächen erlaubt, gewiss aber nicht drinnen. Und es ist ja sicherlich nicht weitverbreitet, ein Kind zu loben, wenn es beispielsweise besonders schnell den Gang entlanggerannt ist. Hüpfen die Kinder von der Rutsche im Garten der Kita, dann ist die Reaktion der meisten Erwachsenen wohl eher ein: „Puh, zum Glück ist nichts passiert!" als Begeisterung.
Unter diesen Voraussetzungen ist es für ein Kind – und besonders für die stärker bewegungsorientieren Jungs – sehr schwer, eine allgemeine Anstrengungsbereitschaft zu entwickeln, ja, es kann sogar zu einer generellen Leistungsverweigerung kommen. Das Kind hat ja gelernt, dass die Dinge, die es aus seiner Sicht gut kann, von den Erwachsenen nicht für gut befunden werden. Und aus diesem Gedanken heraus ist es dann für das Kind kaum möglich, sich einer Herausforderung zu stellen, die für es noch weniger beherrschbar erscheint.

Besonders wichtig für Jungs: Anstrengung in selbst gewählten Bereichen umsetzen können

Um diesem Dilemma zu entkommen, müssen insbesondere den Jungs Möglichkeiten eröffnet werden, in den von ihnen selbst gewählten Bereichen Leistung zu zeigen, und zwar möglichst oft. Gleichzeitig sollten diese Leistungen auch von den Erwachsenen gewürdigt werden.
Die einfachste Möglichkeit ist es, den Kindern den Aufenthalt im Garten der Kindertagesstätte den ganzen Tag über zu ermöglichen, sie also rausgehen zu lassen, wann immer und so lange sie es wünschen. Sie werden erstaunt sein, wie viele Jungen dieses Angebot nutzen und wie das den Lärmpegel im Haus reduziert. Bei diesem Vorgehen wird der Garten als Funktionsraum betrachtet und ist immer

beaufsichtigt. Dies erfordert freilich vom Personal einer Kita eine gewisse Flexibilität, denn die Aufsichtspersonen müssen immer im Hinblick darauf eingeteilt werden, wie viele Kinder sich gerade im Garten aufhalten.

Ein Junge sammelt im Kita-Garten die Bälle im Gebüsch ein

Allerdings ist ein solches Vorgehen nur dann Erfolg versprechend, wenn im Garten nicht auch wieder unzählige Regeln aufgestellt werden, die den Bewegungsdrang einschränken. Und es gibt leider durchaus Kindertagesstätten, in deren Gärten nicht getobt werden darf und wo man draußen nicht laut sein darf. Falls ein solches Vorgehen in Ihrer Kindertagesstätte nicht realisierbar ist, dann sollten sie drinnen einen Raum schaffen, in dem getobt werden darf und wo die Kinder laut sein können (vgl. dazu das folgende Kapitel „Dynamisch sind Jungs ja ... – der Umgang mit dem Bewegungsdrang“).
Aber nicht alle Jungen zeigen nur im Bereich der Bewegung Leistungsbereitschaft. Versuchen Sie also, jedem Einzelnen von ihnen Felder zu eröffnen, in denen er sich und seine Leistung zeigen kann. Eine Lernwerkstatt mit vielfältigem, auch technischem Material kann hier z. B. eine gute Lösung sein. Viele Einrichtungen machen auch gute Erfahrungen mit einer richtigen Werkstatt zum Schrauben und Basteln, die möglichst oft zugänglich ist.

PRAXISTIPP

Stellen Sie den Kindern Technikschrott zum Schrauben und Basteln zur Verfügung: Lassen Sie sich dazu von den Eltern defekte Geräte schenken und ermöglichen Sie es den Kindern, diese auseinanderzuschrauben. Hierfür eignen sich Computer ebenso wie Telefone oder Küchenmaschinen. Die Kinder benötigen dazu lediglich Werkzeug in unterschiedlichen Größen. Sie bauen leidenschaftlich gern auseinander und schaffen aus den Einzelteilen Neues. Nebenher wird dabei auch ihre Feinmotorik geschult.

Auch Jungs brauchen Lob und Ansporn

Welchen Stellenwert Lob in der Erziehung hat, darüber wird derzeit viel diskutiert (vgl. beispielsweise Schmidt, 2010). Sicherlich gibt es heute eine Kultur des Lobens, die nicht mehr an besondere individuelle Leistung gekoppelt ist, sondern alles betrifft. Dies ist aus zweierlei Hinsicht ungünstig: Die Kinder lernen auf diese Weise nicht, ihre eigene Leistung einzuschätzen. Für manche ist es auch wichtig, dass die anderen Kinder oder die Erwachsenen ihre Leistung realistisch einschätzen und anerkennen. Gleichzeitig steigert zu viel Lob auch nicht die Anstrengungsbereitschaft, da es irgendwann zu einer Selbstverständlichkeit wird.
Hinzu kommt, wie gesagt, dass wir speziell bei Jungs häufig weniger die von ihnen selbst gewählten und dann erreichten Leistungsziele loben (also besonders laut, besonders schnell oder besonders wild zu sein), sondern lediglich die Dinge, die einfacher in den Alltag der Kita zu integrieren sind, wie z. B. Basteln oder ruhiges Spiel in der Bauecke. Die Jungen lernen daraus möglicherweise, dass es viele Dinge gibt, für die es sich nicht lohnt, sich anzustrengen. Oder, was eigentlich noch schlimmer ist: dass nur ein Teil ihrer Persönlichkeit respektiert wird.
Der Zusammenhang zwischen dem Zeigen von Leistung, den Ernten von Lob und dem Aufbau einer Anstrengungsmotivation ist komplex und sicherlich auch noch abhängig von den spezifischen sozialen Gegebenheiten und von der Persönlichkeit des jeweiligen Kindes. Dennoch lohnt es sich, das Verhalten, das die

Erzieherinnen und Erzieher in der Kita in dieser Beziehung an den Tag legen, zu reflektieren und gegebenenfalls zu ändern. Hilfreich können dann folgende Vorgehensweisen sein:

- Loben Sie auch Leistungen, die im Bereich des Tobens liegen, wenn also beispielsweise besonders schnell gerannt wird oder ein Sprung von einer erhöhten Position aus gelungen ist.
- Loben Sie präzise. Sagen Sie dem Kind genau, welche Leistung in seinem Tun sie als besonders lobenswert empfunden haben (z. B. seinen Mut etc.).
- Loben Sie die Anstrengung des Kindes auch, wenn das Ergebnis noch nicht erreicht ist – also beispielsweise dann, wenn ein Kind mit Ausdauer versucht hat, eine Schleife zu binden und ihm dies noch nicht gelungen ist.
- Hüten Sie sich vor Normierungen. Betrachten Sie immer die individuelle Leistung des einzelnen Kindes.

Manchmal kritisieren die Kinder ihre Leistungen auch gegenseitig. Es werden dann z. B. Malversuche der bzw. des anderen schlechtgemacht oder es wird darauf hingewiesen, dass Einzelne Regeln nicht einhalten können.

AUS DEM KITA-ALLTAG

In meiner Vorschulgruppe war unter den Kindern eine Zeit lang das gegenseitige Missachten von individuellen Leistungen verbreitet. Es wurde teilweise über Bilder, die andere gemalt hatten, gelacht oder auch darüber, wie sich jemand ausdrückte. Obwohl wir das in der Gruppe schon häufiger besprochen hatten und auch Vereinbarungen dazu getroffen hatten, wurde es immer nur kurzfristig besser. Den Durchbruch brachte erst eine Runde, in der jeder sagte, was er selbst (noch) nicht konnte. Es entstand also eine Liste der Unzulänglichkeiten. Auf diese wurde nun von den Kindern immer wieder hingewiesen. Sätze wie: „Der kann zwar nicht so gut malen, aber dafür kann der andere nicht rückenschwimmen" wurden immer wieder in den genannten Zusammenhängen artikuliert und bald verschwand das gegenseitige Kritisieren aus der Gruppe.

Wichtig ist auch, die Kinder immer wieder zu motivieren, Neues zu versuchen. Vor allem viele Jungs nähern sich meiner Erfahrung nach einigen neuen Dingen überhaupt nicht und verweigern einiges sofort mit dem Satz: „Das kann ich nicht." Probieren Sie hier immer wieder mit allen Tricks, das Kind zu einem Versuch zu motivieren. Bieten Sie Unterstützung an oder versichern Sie dem Jungen, dass Sie sicher sind, dass sich ein Versuch lohnt. Dabei hat es sich in meiner Kita-Praxis auch bewährt, Bilder aus dem Bereich des Sports zu wählen, also beispielsweise zu sagen, dass kein Tor geschossen werden kann, wenn man gar nicht versucht, aufs Tor zu schießen. In meinen Vorschulgruppen gibt es zwei Lieblingssprüche, die die Kinder sofort in ihr Repertoire aufgenommen haben und sehr oft benutzen: „Wer es nicht versucht, hat schon verloren" und: „Erst probieren und dann meckern".

Ein besonderes Thema: Kochen und Backen mit Jungs

Im letzten Vorschuljahr haben wir mit den Vorschulkindern im Rahmen der Schulvorbereitung viele Male gekocht. Dies entsprang immer aus den direkten Wünschen der Kinder und umfasste ganz unterschiedliche Rezepte, denen vor allem eines gemeinsam war: Hätte man Erwachsene vorher gefragt, ob das Kochen dieser Rezepte mit den Vorschulkindern sinnvoll sei, dann wären sie wohl nie realisiert worden.

AUS DEM KITA-ALLTAG

Unser Thema waren eigentlich die Planeten. Um deren Größenunterschiede und die Entfernungen zwischen ihnen besser wahrnehmen zu können, wollten wir folgende Idee umsetzen: Wir kauften unterschiedliche Obstsorten und eine Zwiebel und stellten die Umlaufbahnen auf dem nahe gelegenen Bolzplatz dar. Anschließend verspeisten wir das Obst und die Zwiebel blieb übrig. Ein Kind schlug nun vor, eine Zwiebelsuppe zu kochen, was wir gleich am nächsten Tag umsetzten.

Eher zufällig entwickelte sich also bei uns das Kochen und Backen zu einem Schwerpunkt, der besonders die Jungs begeisterte. Es gibt verschiedene Tipps, wie Sie eine solche Begeisterung für das Kochen und Backen bei den Jungs fördern können:

- **Wählen Sie einen naturwissenschaftlichen Zugang:** Jedes Kochen beinhaltet immer auch ein Experimentieren. Man kann sich beispielsweise fragen, was wohl passiert, wenn man Nudeln in kaltem Wasser aufsetzt, was, wenn es kocht, was, wenn man sie nur einweicht, und was, wenn man sie ganz lange kochen lässt.
- **Vereinfachen Sie die Rezepte nicht:** Gerade die technisch anspruchsvollen Rezepte interessieren viele Jungs am meisten. Häufig ist das für die Kinder eine völlig neue Dimension, denn eine solche aufwendige Küche kennen viele gar nicht. Was ist „Andünsten", was „Braten", was „Ziehenlassen"? Derartige Fragen sind meiner Erfahrung nach für viele Kinder interessant. Schrecken Sie also nicht davor zurück, mit den Kindern beispielsweise eine Mehlschwitze zuzubereiten oder fachmännisch eine Soße zu binden.
- **Lassen Sie die Kinder an den Herd:** Sicherlich ist der Umgang mit dem Herd nicht ganz ungefährlich. Trotzdem können es die Kinder lernen, mit dieser Gefahr umzugehen, und gerade Jungen sind hierfür zugänglich. Sie scheint diese Gefahr zu locken und daher sind sie durchaus interessiert, sie zu beherr-

schen. Dazu gehört aber, dass diese Gefahren offen und genau dargestellt werden und dass rigide Regeln für den Umgang mit dem Herd vereinbart werden müssen: Es muss festgelegt werden, wie nah man beispielsweise am Herd stehen darf oder wie ein größeres scharfes Messer gehalten werden muss.

- **Setzen Sie klare Grenzen, was Erwachsenenaufgaben sind und was die Kinder selbst erledigen dürfen:** Wenn Sie mit den Kindern komplizierte Gerichte kochen, dann kochen Sie diese an besten zuvor zur Probe. Überlegen Sie sich dabei genau, welche Tätigkeiten die Kinder ausführen dürfen und welche nicht. Planen Sie im Vorhinein auch, wie die Tätigkeiten beim Kochen innerhalb der Kindergruppe aufgeteilt werden können und in welcher Reihenfolge sie erfolgen sollen. Ich persönlich lege beispielsweise immer fest, in welcher Reihenfolge die Kinder am Herd anstehen dürfen und was diejenigen Kinder tun, die gerade „Leerlauf" haben.
- **Nehmen Sie die Wünsche der Kinder ernst und seinen Sie mutig, auch wenn deren Wunschgerichte kühn klingen:** Wenn man signalisiert, dass die Ideen der Kinder ernst genommen werden, dann äußern diese durchaus auch anspruchsvolle Wünsche. Sie wollen beispielsweise keinen einfachen Schokoladenkuchen backen, sondern eine mehrstöckige Schokosahnetorte.
- **Lassen Sie die Kinder alle Grundstoffe probieren, wenn man diese roh essen kann:** Meiner Erfahrung nach gibt es viele Kinder, die noch nie eine rohe Zwiebel gekostet oder eine Grapefruit gegessen haben.
- **Thematisieren Sie eine gesunde und saisonorientierte Ernährung:** Das Kochen und Experimentieren ist die beste Chance, um mit den Kindern hierüber in ein Gespräch zu kommen.

Das Kochen und Experimentieren liefert zahlreiche Lerngelegenheiten, die sich auf viele Themenkomplexe beziehen. Das Kochen geschieht in einer fest einzuhaltenden Reihenfolge von Tätigkeiten. Weicht man davon ab, ist dies meist sofort zu merken. Die Kinder lernen also dabei aus eigener Erfahrung, bestimmte Abfolgen einzuhalten – eine Kompetenz, die später in der Schule bei vielen Aufgabentypen gefragt ist.

Bei der Zubereitung von Speisen wird zudem – wieder besonders wichtig für die Jungs – die Feinmotorik geschult und das sorgfältige Arbeiten erlernt. Denn arbeitet man z. B. mit einem großen Messer, dann leuchtet es jedem Kind ein, dass man sich dabei konzentrieren muss und dass mit Bedacht gearbeitet werden muss. Eine besonders wichtige Kompetenz beim Schneiden mit Messern ist die Kraftkontrolle aus dem Arm heraus, die für das Schreiben ebenfalls unerlässlich ist.

Dynamisch sind Jungs ja ... – der Umgang mit dem Bewegungsdrang

Jungs haben eine „bewegte" Kindheit

Sie kennen das sicherlich aus Ihrem Berufsalltag in der Kita: Jungs, die jeden Weg rennend zurücklegen und jede Treppe hüpfend meistern. Sie wissen um die Ermahnungen bezüglich des Rennens im Gruppenraum oder des Von-den-Stühlen-Herunterspringens, die Sie vielleicht sogar täglich aussprechen. Und Sie kennen die Schwierigkeiten vieler Kinder, vor allem vieler Jungs, sich daran zu halten.
In diesem Kontext existiert in vielen Kindertagesstätten eine Menge von Regeln und Verboten. Gelegentlich sind diese sogar an der Wand ausgehängt und in der „Wir-Form" verfasst: „Wir rennen nicht im Gruppenraum" oder: „ Wir toben nur in der Turnhalle" usw.
Beim Umgang mit dem Bewegungsdrang der Kinder in der Kita wird häufig vergessen, dass die Bewegung, genauso wie das Spiel, eine elementare Ausdrucks- und Lernform der Kinder ist (vgl. dazu Zimmer, 1993, S. 13ff.). Die Ausdrucks- und Lernformen der Kinder sind aber individuell verschieden und dazu gehört auch das oft überschäumende Bewegungsbedürfnis mancher Jungs. Ihnen diese Bewegungsmöglichkeiten zu entziehen, kommt dem Umstand gleich, ihnen auch die Spielmöglichkeiten zu entziehen.
Dazu kommt, dass sich die Kindheit in den letzten Jahrzehnten deutlich verändert hat: Manche von Ihnen werden sich vielleicht noch an eine Zeit erinnern, in der das „Herumstreunen" in der freien Natur oder das unbeaufsichtigte Spielen in Höfen und auf Brachland selbstverständlich waren. Diese Möglichkeiten der freien Bewegung fallen für die meisten Kinder heute weg und auch angelegte Spielplätze sind kein Ersatz für solche Freiräume. Gleichzeitig hat der Medienkonsum in den Familien stark zugenommen, wovon auch die Kinder deutlich betroffen sind. Hierbei ist die Bewegungsmöglichkeit stark reduziert und die Sinne der

Kinder werden auf visuelle und akustische Wahrnehmungsmöglichkeiten eingeschränkt (vgl. dazu Zimmer, 1993, S. 18f.).
Es ist eine zentrale Aufgabe bei der Betreuung und Bildung von Kindern geworden, sich deutlich auf diese Veränderungen einzustellen und vielfältigen Raum für Bewegungsmöglichkeiten und -erfahrungen zu bieten. Zudem helfen wir den Kindern mit besonders ausgeprägtem Bewegungsbedürfnis nicht, wenn wir sie hier einschränken. Meiner Erfahrung nach sind die Regeln in den Kindertagesstätten, die in Zusammenhang mit dem Toben stehen, diejenigen, die am häufigsten übertreten werden. Das Bewegungsbedürfnis ist etwas, das die Kinder nicht willentlich abstellen oder auf einen späteren Zeitpunkt „verschieben" können. Genau das wird aber von ihnen verlangt, wenn man sie auf einen späteren Aufenthalt im Garten oder eine Turnstunde am nächsten Tag vertröstet und auf die Einhaltung der Regeln pocht.
Aber auch wenn das alles klar und einsichtig ist, ist es dennoch nicht leicht, den Kindern in den Institutionen der Kindertagesbetreuung genügend Raum für ihre kindlichen und vor allem bei den Jungs manchmal auch „wilden" Bewegungsbedürfnisse zu bieten – zumal viele dieser Bewegungsanlässe laut und für die Erwachsenen und auch für andere Kinder störend sind. Regelmäßige Turnstunden und Aufenthalte im Garten lösen das Problem also nur vordergründig.
Im Kontext der Schulvorbereitung erhält dieser Sachverhalt im Zusammenhang mit der Entwicklung der Lernmotivation und der Anstrengungsbereitschaft eine zusätzliche Bedeutung (vgl. das vorhergehende Kapitel „Wen interessiert's? – Themen mit und für Jungs finden"). Wenn ein Kind viel „rumhampelt" und unruhig ist, dann sind viele Erwachsene schnell dabei, ihm Ruhe zu verordnen, weil es ja sonst nicht zur Ruhe kommen könne. Man kann es aber auch anders sehen: Möglicherweise hat das Kind nicht zu wenig Ruhe, sondern zu wenig Bewegungsmöglichkeiten.

Bewegungsmöglichkeiten in der Kita schaffen

Wenn wir uns also Gedanken über die Schulvorbereitung von Jungs machen, dann müssen wir immer auch Bewegungsanlässe und Raum für Bewegung im Alltag der Kita im Auge haben. Solche Bewegungsmöglichkeiten jederzeit zu eröffnen, ist wesentlich einfacher, wenn die Kita das Konzept der „offenen Arbeit" verfolgt:

HINTERGRUND

Was ist „offene Arbeit" in der Kita?

Das Konzept der offenen Arbeit in Kindertagesstätten geht davon aus, dass Kinder neugierige, selbstaktive Lerner sind, die aktiv ihren Lernbedürfnissen folgen, wenn man ihnen dies ermöglicht. Der Erwachsene ist hierbei nur der Lernbegleiter, die Impulse liefern die Kinder selbst. Um dieses Konzept konsequent zu verfolgen, werden die Erfahrungsräume der Kindern erweitert, d. h., der Spielraum hört nicht an der Tür des Gruppenraums auf, sondern die Kinder sollten möglichst immer die gesamte Einrichtung nutzen können. Sie sollten sich zudem genauso selbstverständlich ihren eigenen Interessen zuwenden und ihre Spielpartner aussuchen können wie die Erwachsenen, die sie begleiten. Das Konzept der „offenen Arbeit" wird in den Einrichtungen, die es anwenden, auf ganz unterschiedliche Weise realisiert: Manche Kitas haben die Gruppenverbände gänzlich aufgelöst, viele haben auch keine klassischen Gruppenräume mehr, sondern sogenannte „Funktionsräume", in denen ein Spielschwerpunkt (z. B. das Bauen) im Vordergrund steht. Andere wiederum halten daneben weiter an der Gruppenstruktur fest und die Kinder verbringen dort auch weiterhin viel Zeit im Gruppenverband.

Toberäume und Tobeflure

Der Gruppenraum alleine, evtl. auch noch ohne geöffnete Türen, ist keine Möglichkeit, den Kindern weitgehende Bewegungsanlässe zu bieten. Einrichtungen, die das Konzept der „offenen Arbeit“ anwenden möchten, können daher z. B. einen Raum als Tobe- und Rennraum gestalten. Das ist allerdings nicht ganz so einfach, wie es sich anhört. Ein Toberaum benötigt zwar fast keine Materialien, er muss aber eine gewisse Größe haben. Außerdem muss er möglichst immer geöffnet sein und es muss auch sichergestellt sein, dass in diesem Raum wirklich immer gerannt, getobt und gesprungen werden darf und dass dort Lautstärke erlaubt ist. Denn ist das Spiel auch dort wieder streng geregelt, dann erfüllt ein

Rennen und Toben im Flur

solcher Raum gerade für Kinder mit ungestümem Bewegungsbedürfnis seinen Zweck nicht.
Auch wenn man keine Möglichkeit zur Einrichtung eines solchen Raums hat oder sich nicht am Konzept der „offenen Arbeit“ orientiert, ist es möglich, Bewegungsraum zu schaffen, indem man den Flur nutzt. Dies setzt jedoch voraus, dass die Kinder dort auch wirklich einen Raum vorfinden, in dem wild gespielt werden kann. Vor allem das Rennen muss dort erlaubt sein.
Einige von Ihnen haben jetzt vielleicht Bedenken, dass dies zu gefährlich sein könnte. In der Praxis gibt es aber Modelle, die dem Rechnung tragen, und die Erfahrungen damit sind durchweg positiv:

PRAXISTIPP

Es gibt Einrichtungen, die das Rennen auf dem Gang ohne jede Regelung erlauben, was aber nicht jedes Kita-Team schaffen wird. Andere legen daher eine Richtung auf dem Gang fest, in der gerannt werden darf, und in der anderen Richtung wird dann nur gegangen. Eine solche Regelung beugt „Unfällen“ vor und wird von den Kindern in der Regel gut akzeptiert. Es existieren auch Lösungen, bei denen der Flur der Länge nach mit einem auf dem Boden aufgebrachten Klebeband in zwei Teile geteilt wird. In dem einen ist dann das Rennen erlaubt, in dem anderen nicht.

Und was ist mit der Mittagspause?

In sehr vielen Kindertageseinrichtungen findet nach dem Mittagsessen eine ruhige Phase im Tagesablauf statt. Während die jüngeren Kinder noch schlafen, sind die älteren angehalten, sich ruhig zu beschäftigen. Mal bedeutet dies das Vorlesen eines Buchs, mal Brettspiele oder Malen. Alles soll dabei jedenfalls in

Ruhe stattfinden und vor allen Dingen leise. Dem liegt zum einen der Gedanke zugrunde, dass die Kinder nach dem anstrengenden Vormittag Ruhe benötigten. Zum anderen gibt es zusätzliche, ganz pragmatische Gründe, die zu einer solchen Vorgehensweise führen:

- Es soll, wie gesagt, leise im Haus sein, damit die jüngeren Kinder schlafen können.
- Viele Mitarbeiter machen in dieser Zeit Pause und Kinder, die leise und ruhig spielen, sind da vermeintlich einfacher und mit weniger Personal zu beaufsichtigen.

Die Realität sieht jedoch häufig anders aus. Die Kinder sind unruhig und können sich nicht auf das vorgeschlagene Angebot konzentrieren. Und aus meiner Beobachtung heraus sind es auch hier vor allem wieder die Jungs, auf die dies zutrifft. Denn die geschilderte Vorgehensweise sitzt aus meiner Sicht der irrtümlichen Vorstellung auf, dass alle Menschen durch Ruhe entspannen. Das muss aber nicht immer der Fall sein. Sie alle kennen sicherlich Erwachsene, die durch Bewegung entspannen, die also dazu zum Laufen gehen oder ins Fitnessstudio. Und für Kinder gilt eben das Gleiche. Manche von ihnen, vor allem die Jungs, benötigen zum Stressabbau Bewegung. Diese Kinder können dann natürlich bei einem ruhigen Angebot immer nur noch unruhiger werden.
Zudem gehen der Mittagsruhezeit im Kindergarten das Mittagsessen und gelegentlich noch ein Kreis voraus. Die Kinder haben also eigentlich schon lange gesessen und viele können sich auch deswegen jetzt einfach nicht mehr stillhalten.
Eines der Ziele der Schulvorbereitung ist es auch, für die Kinder selbst erfahrbar zu machen, was sie benötigen, um Stress abzubauen. Dies können sie aber nur, wenn ihnen unterschiedliche Möglichkeiten hierzu angeboten werden. Wenn sie also z. B. selbst ausprobieren können, ob es ihnen hilft, nach langem Sitzen zu rennen, oder ob es ihnen besser geht, wenn sie die Chance haben, sich austoben. Dies wird jedoch in Kindertagestätten nur selten angeboten und überdies ist auch hier eine Umsetzung dieses Konzepts im Kita-Alltag nicht ganz so einfach zu bewerkstelligen. Dabei sind es meist ganz praktisch-organisatorische Gründe, die die Realisation einschränken. Häufig steht nicht ausreichend Kita-Personal zur Verfügung, um gleichzeitig ein ruhiges und ein Bewegungsangebot betreuen zu

Ein Junge macht vor der nächsten Aktion eine Pause

können. Besonders deutlich wird dies in kleinen Einrichtungen. Die einfachste Lösung ist hier ein Aufenthalt im Garten während der Mittagszeit. Meist ist der Garten auch groß genug, damit sich dort sowohl ruhigere Spielgelegenheiten ergeben als auch die Möglichkeit, sich intensiv zu bewegen. Auch im Winter und bei Regen ist der Garten ein Bewegungsraum, der genutzt werden kann. Und der Vorteil liegt auf der Hand: Der Lärm ist außerhalb des Hauses.

Ich kann Sie nur ermutigen, diese bewegte Mittagspause auszuprobieren. Sie werden erstaunt sein, um wie viel ausgeglichener und konzentrierter die Kinder sind, die bislang während der Mittagszeit nicht „zur Ruhe kamen“.

Und was ist mit Bewegungsspielen?

Gelegentlich spiele ich mit den Vorschulkindern auch ein Bewegungsspiel. Das macht vielen Spaß und ermöglicht es mir, bestimmte Fähigkeiten der Kinder zu beobachten. Allerdings reichen diese Spiele für viele Kinder nicht aus, damit sie ihrem großen Bewegungsbedürfnis nachkommen können, und sie ersetzen daher auch keinesfalls das Toben und die Möglichkeit, sich immer mal wieder kurz „ausrennen“ zu können – dies ist übrigens interessanterweise ein Begriff, den die Vorschulkinder selbst geprägt haben.

Und zudem ist es ja erfahrungsgemäß so: Wenn wir die Kinder befragen, was sie machen wollen, wenn uns die Turnhalle zur Verfügung steht, dann geht es gerade bei den Jungs immer um „gefährliche" Dinge, also um hohe Kästen, von denen man herunterspringen darf, um die Kletterwand und die Seile zum Springen. Um angeleitete Spiele geht es dabei eigentlich nie.

PRAXISTIPP

In meiner Kita-Praxis hat sich ein Bewegungsangebot als bei den Kindern sehr beliebt herausgestellt, das ich als „Rollerführerschein" bezeichne. Dafür wird eigentlich nur ein kleiner Rollerparcours im Garten benötigt, den die Kinder bewältigen können müssen. Es geht dabei vor allem um die Beherrschung des Fahrzeugs, einschließlich des schnellen Bremsens. Je nach Platzangebot kann man auch noch einen Zebrastreifen einrichten, über den geschoben werden muss, und den Umgang mit Fußgängern (von anderen Kindern dargestellt) integrieren. Ein weiterer positiver Aspekt des Rollerführerscheins ist nämlich, dass sich damit ganz nebenbei auch problemlos die Verkehrsregeln einüben lassen. Hinzu kommt deswegen auch eine kleine theoretische Prüfung, die gemeinsam in der Gruppe abgelegt wird. Und ganz wichtig ist dann am Ende das Diplom mit Stempel und Unterschrift der Kita-Leitung.

Was ich persönlich allerdings häufig im Kita-Alltag durchführe, das sind kleine bewegte Wettspiele, wie z. B. Highspeed-um-die Wette-Aufräumen oder das Messen der Zeit, wie lange ein Kind benötigt, um quer durch den Gruppenraum zu laufen. Vor allem Jungs fordern diese kleinen Spiele immer wieder ein. Sie genügen ihnen häufig schon, um nachher wieder konzentriert zu sein.

Raufen und Kräftemessen – das machen Jungs gerne!

Viele Jungen raufen häufig, auch in der Kindertagesstätte. Für Erwachsene ist das schwer auszuhalten. Oft hat dieses Raufen aber gar nichts mit einem wirklichen Konflikt zu tun, sondern geschieht im Einvernehmen der beteiligten Akteure. Es scheint bei den Jungs ein grundlegendes Bedürfnis zu existieren, sich körperlich miteinander zu messen. Eine Möglichkeit, dies aufzugreifen, ist, das kontrollierte „Ringen und Raufen" als pädagogisches Konzept zu nutzen (vgl. Beudels, 2008). Damit wird eine Reihe von Lernzielen erarbeitet, die einen gewaltpräventiven Hintergrund haben. Zu diesen Lernzielen gehören die Wahrnehmung des eigenen Körpers, das Erlernen gegenseitigen Vertrauens und die Akzeptanz der eigenen Stärken und Schwächen.

Aber auch ohne ein solches ausgearbeitetes Konzept kann das Bedürfnis der Jungs, zu raufen, im Kita-Alltag ernst genommen und umgesetzt werden. Das setzt freilich voraus, dass das Rangeln und Raufen in der Kindertagesstätte in einem festgesetzten Rahmen akzeptiert wird. Dazu gehört wiederum, dass einfache Regeln festgelegt werden, die immer eingehalten werden müssen:

- Die Raufpartner müssen beide einverstanden sein.
- Es wird ein Stoppzeichen vereinbart, dass unbedingt geachtet werden muss.
- Der Kopf und der Hals sind beim Raufen tabu und werden vom Gegner nicht berührt.
- Es wird darauf geachtet, sich gegenseitig nicht zu verletzen.
- Wenn der Schiedsrichter (d. h. der Erwachsene) „Stopp!" sagt, wird sofort aufgehört.

Da es auch mir nicht leichtfällt, ruhig zu bleiben, wenn zwei Jungs raufen, setze ich noch auf einen Fallschutz: Ich erlaube die „Kämpfe", wie die Jungs es nennen, nur auf einem Teppich in der Mitte des Raums. Es darf auch kein Regal oder Tisch in der Nähe sein und ich füge noch eine weitere Regel hinzu: Der Teppich darf beim Raufen nicht verlassen werden.

Eine andere Möglichkeit ist es, den Kindern zu erlauben, mit Schwimmnudeln zu kämpfen. Prinzipiell werden hier die gleichen Regeln festgelegt wie eben erwähnt. Auch hier ist meiner Erfahrung nach die Verletzungsgefahr recht gering.
Kinder raufen aber nicht nur, weil sie Freude daran haben, sondern lösen auch einen Teil ihrer Konflikte auf diese Art körperlich. Wir alle haben ja das Ziel, immer eine verbale, verhandlungsorientierte Art der Konfliktlösung zu erreichen. Dabei ist aber zu bedenken, welche weitreichenden Kompetenzen hierfür erforderlich sind:

- eine hohe Impulskontrolle
- enorme sprachliche Fähigkeiten
- die Fähigkeit zur umfassenden Reflexion emotionaler Befindlichkeiten
- viel Konflikterfahrung

Wenn man vor diesem Hintergrund bedenkt, dass Jungs im Alltag der Kita mehr Konflikte haben als Mädchen und dass sie gleichzeitig in ihrer sprachlichen Entwicklung oft noch nicht so weit sind wie gleichaltrige Mädchen, dann wird klar: Es ist eigentlich wenig erstaunlich, dass es ihnen manchmal nicht gelingt, einen Konflikt verbal zu lösen (vgl. dazu das Kapitel „Jungs sind schwierig – oder?“).
Aus meiner Erfahrung heraus hat sich folgendes Vorgehen bewährt: Wenn der Konflikt nicht sehr schwerwiegend ist, hält sich meist auch die Intensität der körperlichen Auseinandersetzung in Grenzen und beide Konfliktparteien scheinen mit dieser Art der Klärung zufrieden zu sein. In diesem Fall greife ich nicht ein. Wenn der Konflikt jedoch ernster ist, greife ich ein, versuche aber in der akuten Phase keine Klärung des Konflikts zu erreichen, sondern spreche erst später mit den Streitenden. Diese Bearbeitung des Konflikts aus einer zeitlichen Distanz heraus ist für die meisten Vorschulkinder bereits machbar und hat sich als wesentlich effektiver herausgestellt, als es sofort zu versuchen.

Der Kreis und die Arbeit am Tisch

Im Kreis auf dem Boden sitzen, liegen oder stehen – alles ist möglich

Kreise sind immer noch ein wichtiger Bestandteil der pädagogischen Arbeit in Kindertagesstätten. Auch ich gestalte häufig Kreissituationen. Dort lese ich dann mit den Kindern Bücher, wir besprechen Aktuelles, bereiten Themen vor und gelegentlich spielen wir auch Kreisspiele. Jede Vorschulstunde, in der wir „freie Arbeit" machen, beginnt und endet mit einem Kreis.
Prinzipiell sollte bei der Gestaltung von Kreisen darauf geachtet werden, zu welchem Zeitpunkt man sie macht. Direkt vor oder nach den Mahlzeiten oder im Anschluss an eine andere Situation, in der die Kinder wenig Bewegungsmöglichkeiten hatten, sind Kreise nicht so gut geeignet.
Meiner Erfahrung nach sind bei Kreisen für manche Kinder, und hier wiederum besonders für die Jungs, zwei Dinge schwierig: Das Stillsitzen und das lange Zuhören bei Sachen, die für sie nicht interessant sind. Nimmt man diesen Umstand jedoch ernst, dann gewinnt die Kreissituation für viele Kinder an Bedeutung.
Für die Praxis bedeutet das zunächst, dass Kreise immer auf dem Boden stattfinden sollten und nicht auf Stühlen: Wir wissen alle, dass das Sitzen auf Stühlen nicht optimal ist. Hinzu kommt in der Kindertagesstätte noch, dass nur ein Teil der Kinder die richtige Körpergröße für die Stühle besitzt – ergonomisch optimal sitzt also nur ein geringer Prozentsatz von ihnen. Wählen sich die Kinder aber eine Sitzposition auf dem Boden, gegebenenfalls auch mit Kissen, dann setzen sie sich automatisch in eine für sie angenehme Position.
Bedenken Sie zudem, dass auch die wenigsten Erwachsenen völlig still sitzen; die meisten von uns machen dabei kleine Bewegungen, beispielsweise mit den Füßen. Und weil Kinder auch im Sitzen noch sehr viel dynamischer sind als Erwachsene, machen sie auch da in Regel noch ausladendere Bewegungen. Die Gefahr ist also groß, dass sie von Stuhl fallen. Das ist nicht nur gefährlich, sondern auch sehr störend.
Sie werden feststellen, dass manche Kinder auch beim Sitzen auf dem Boden sehr viel Platz brauchen. Das bedeutet, dass Sie diesen Kindern auch den von

ihnen benötigten Platz einräumen müssen. Meiner Erfahrung nach dauert es bei einem Sitzkreis auf dem Boden ein bisschen länger, bis jeder den für ihn geeigneten Platz gefunden hat. Dafür finden aber dann während der Durchführung der Kreisaktivitäten viel weniger Störungen statt als beim Sitzen auf Stühlen.
Eine weitere Möglichkeit ist es, im Kreis zu liegen. Das ist für bestimmte Kinder optimal, denn meiner Erfahrung nach werden sie dadurch wesentlich ruhiger. Wenn Sie das in Ihren Kreisen zulassen, dann werden Sie zunächst erleben, dass sehr viele Kinder liegen wollen. Das reguliert sich aber sehr schnell und nur die Kinder, die sich so wirklich besser konzentrieren können, bleiben dann auch liegen, die anderen setzen sich sehr schnell wieder hin.
Wieder andere Kinder sind im Stehen aufnahmefähiger und ruhiger. Das liegt vor allem daran, dass es im Stehen einfacher ist, sich zu bewegen. Auch dies kann eine Option für den Kreis sein, allerdings muss hier darauf geachtet werden, dass das Kind nicht stehen muss, nur weil es im Sitzen nicht geklappt hat, sondern

Zwei Jungen, sitzend und liegend im Morgenkreis

dass ihm das als eine zusätzliche Möglichkeit angeboten wird. Denn das Stehen darf auf keinen Fall wie eine Sanktion oder Strafe wirken.
Ich mache in der Praxis gelegentlich auch die Erfahrung, dass für manche Kinder schon allein die Kreisanordnung an sich, in der jeder jeden sieht und in der die Erzieherin bzw. der Erzieher alle Kinder im Blick hat, anstrengend ist. Wenn es für eine bestimmte Aktivität nicht notwendig ist, wenn also beispielsweise ein Buch ohne Bilder vorgelesen wird oder eine CD angehört wird, dann kann die Kreissituation auch gänzlich aufgelöst werden und die Kinder können „durcheinander“ sitzen oder liegen.
Neben den eben genannten Möglichkeiten bietet es sich auch an, den Kindern im Kreis oder in ähnlichen Situationen Gegenstände in die Hand zu geben. Ich habe

Meine bei den Kindern sehr beliebte „rosa Tasche“. Manche Kinder, vor allem Jungs, benutzen die Gegenstände in Kreissituationen, einige auch nebenher bei der Freiarbeit

Ein Junge beschäftigt sich in der Freiarbeit intensiv mit den Handmaterialien

in der Praxis gute Erfahrungen mit einem ganzen Sortiment an Knautschbällen oder -tieren, mit Drahtmandalas und mit Handschmeichlern gemacht. Diese stelle ich zu Beginn des Kreises in die Mitte und die Kinder wählen sich das aus, was für sie am geeignetsten ist.

Wenn Sie dies in Ihrer Kita ebenfalls einführen wollen, dann sollten Sie den Kindern auch genau erklären, warum diese Dinge zur Verfügung stehen. Ich halte es für sehr wichtig, den bewegungsintensiven Kindern diesen Zweck der Gegenstände auch bewusst zu machen und ihnen Möglichkeiten des Umgangs mit den Materialien anzubieten. Sie werden zunächst erleben, dass jedes Kind am liebsten alle Dinge ausprobieren möchte und es um die beliebten Objekte Streit gibt. Aber auch das reguliert sich schnell wieder – vor allem dann, wenn die Kinder diese Gegenstände auch sonst in der Vorschulstunde zur Verfügung haben. Sie werden merken, dass es gar nicht lange dauert, bis nur noch einige Kinder etwas davon zur Handbewegung im Kreis nutzen.

AUS DEM KITA-ALLTAG

Als ich diese Gegenstände für die Handbewegung zum ersten Mal benutzte, hatte ich nur einige Bälle zur Verfügung. Meine Befürchtung war, dass die Kinder sofort anfangen würden, die Bälle zu werfen, und dann ein nur schwer zu regulierendes Chaos entstehen würde. Ich praktiziere diese Methode nun seit über einem Jahr und noch nie ist einer der Bälle von den Kindern geworfen worden.

Muss man das Stillsitzen lernen?

Manche von Ihnen werden jetzt aber sicherlich fragen: Wie lernen die Kinder denn dann, angemessen ruhig zu sitzen? Ich höre bei meinen Fortbildungen immer wieder, dass viele Erzieherinnen und Erzieher, aber auch viele Eltern dies

als eine wichtige Kompetenz für die Schule ansehen. Die Tatsache, dass ein Kind nicht still sitzen kann, wird also allgemein als problematisch für den Übergang in die Schule angesehen.
Aus meiner Sicht kann das Ziel jedoch nicht heißen: „Ein Kind muss still sitzen." Wir sollten den Kindern vielmehr Hilfestellungen dazu anbieten, wie sie „bewegt" sitzen können, ohne gleich die ganze Gruppe in Bewegung zu setzen oder zu stören. Die Kinder sollten also Möglichkeiten kennenlernen, wie sie ihre Bewegungen geringer gestalten oder in die Hand verlagern können.

Immer nur am Tisch arbeiten?

Eine Gruppe von Jungen spielt im Flur Schach

Man kann sicherlich darüber streiten, ob man mit Vorschulkindern überhaupt an einem Tisch arbeiten oder spielen muss. In der Praxis ist es aber weitverbreitet, dass bestimmte Tätigkeiten am Tisch ausgeführt werden sollen. So ist es vielerorts üblich, dass sogenannte Tischspiele tatsächlich nur am Tisch gespielt werden dürfen – Gleiches gilt für Puzzles und bestimmte kreative Tätigkeiten.
Hier ist zunächst einmal zu bedenken, dass das Spielen und Arbeiten am Tisch oft auch Sitzen auf dem Stuhl bedeutet. Und hiergegen sprechen die eben schon erläuterten Einwände.
Es gibt Kinder, die gerne und wunderbar am Tisch arbeiten. Für andere dagegen ist die Tatsache, dass eine Tätigkeit an einem Tisch

ausgeführt werden soll, schon Grund genug, sie überhaupt nicht zu tun. Insbesondere den Jungs mit großem Bewegungsdrang fällt das Arbeiten am Tisch oft schwer, da sie dort in ihren Bewegungsmöglichkeiten stark eingeschränkt sind. Und für manche ist die Höhe des Tisches und der Stühle, auf denen sie am Tisch sitzen, nicht optimal aufeinander abgestimmt. Um daran zu stehen, ist der Tisch aber dann oft wieder zu niedrig. Es kann zu guter Letzt auch sein, dass denjenigen, die zum Arbeiten viel Raum benötigen, der Platz auf dem Tisch schlichtweg zu knapp ist.
Lassen Sie also das Arbeiten auf dem Boden zu. Sie werden erstaunt sein, wie viele Kinder beispielsweise lieber und geschickter auf dem Boden malen und zeichnen als auf einem Tisch. Meiner Erfahrung nach ist es für manche Kinder sogar einfacher, ihre Feinmotorik zu kontrollieren, wenn sie auf dem Boden arbeiten. Ich vermute, dass sie sich dort deswegen besser konzentrieren können, weil sie keine Energie für das Stillsitzen aufbringen müssen.

Zwei Jungs besprechen eine gemeinsame Arbeit. 100 Steine wurden von ihnen in Zehnerschritten auf eine Platte gesteckt

AUS DEM KITA-ALLTAG

M. ist ein pfiffiger und sehr dynamischer Junge, der aber bisher in der Kita praktisch nie etwas gemalt hat. Als er in die Vorschule kam, waren die von ihm gemalten Bilder zunächst sehr einfach gehalten, er war beim Malen sehr angestrengt und verlor auch schnell die Lust daran. Wie die anderen Kinder auch, malte er stets auf dem Tisch. Doch dort war er immer stark abgelenkt und hatte Schwierigkeiten, seine Malsachen zu ordnen. Ich schlug ihm also vor, es mit dem Malen einmal auf dem Boden zu probieren. Das lehnte er aber gleich ab. Er war nämlich schon oft wegen seiner Unruhe gemaßregelt worden und sah diese Aufforderung vermutlich als Strafe an.

Deshalb bat ich ihn in der nächsten Stunde, mir bei einer Arbeit zu helfen und breitete diese Arbeit auf dem Boden aus. Er half mir und arbeitete von da an meistens auf dem Boden. Man konnte zusehen, wie er nun mit Riesenschritten immer mehr Spaß am Malen und Schreiben bekam und wie seine Handgeschicklichkeit und der Umgang mit dem Stift schnell besser wurden. Inzwischen arbeitet er zwar manchmal auch wieder am Tisch. Wird es ihm aber dort zu voll oder fällt ihm etwas schwer, dann macht er auf dem Boden weiter.

Ausflüge vergrößern den Aktionsradius

Gerade bei Jungen beobachte ich im Alltag häufig das Bedürfnis, den eigenen Aktionsradius zu vergrößern. Eine Kindertagesstätte kann ihnen da, egal wie groß sie ist, schnell zu eng werden. Nimmt man dieses Bedürfnis ernst, dann kommt man nicht umhin, mit den Kindern viele Ausflüge zu unternehmen. Dabei muss es nicht darum gehen, sich immer etwas Besonderes auszudenken, wie z. B. einen Museumsbesuch. Oft genügt es auch, einfach auf die nahe gelegene Wiese zu gehen oder am Gemüsestand einige Früchte zu kaufen. Besonders gut eignen

Vorschuljungen streunen durch den Wald

sich Besuche im Wald. Hier können die Kinder auf Bäume klettern, Lagerplätze bauen und toben, ohne dass es jemanden stört oder Autos in der Nähe sind.
Wir vereinbaren bei unseren Besuchen im Wald mit den Kindern immer ein Areal, in dem sie sich frei bewegen können, wobei wir Erwachsenen uns dann so verteilen, dass wir diesen Bereich gemeinsam überblicken können. Auch hierbei sollte darauf geachtet werden, dass der Ausflug in den Wald nicht „übereguliert" wird und die Kinder aus Angst, dass irgendetwas passieren könnte, deutlich eingeschränkt werden.
Ausflüge gewinnen für die vorschulische Förderung eine besondere Bedeutung, wenn man sie auch als Anlässe für die Verkehrserziehung verwendet. Nutzen Sie jeden Weg, den Sie bei einem Ausflug an öffentlichen Straßen gehen, um die Kinder mit den Verkehrsregeln und auch den möglichen Gefahren des Verkehrs vertraut zu machen. Zeigen Sie den Kindern immer wieder, wie man die Straße überquert, und befragen Sie hierzu immer zuerst die Kinder selbst.

Wenn nicht gerade eine Straße überquert werden muss, dann hat es sich meiner Erfahrung nach bewährt, auf den Fußgängerwegen einzelne Kinder führen zu lassen und selbst erst an zweiter Stelle zu gehen. Diese Verantwortung übernehmen vor allem Jungs sehr gerne. Sie werden erstaunt sein, wie gut das funktioniert und mit welcher Ernsthaftigkeit die Kinder diese Aufgabe ausführen.
Wenn Sie mit den Kindern auf ungefährlichen Wegen abseits von Straßen gehen, sollten Sie sie immer wieder laufen und rennen lassen, wie sie wollen. Ich vereinbare dabei mit den Kindern stets Begrenzungen, bis zu denen dies erlaubt ist, also beispielsweise „bis zum dritten Baum auf der rechten Seite“. Wenn die Kinder dann genügend laufen und rennen konnten, fällt es ihnen im Anschluss leichter, wieder in der Reihe zu gehen und sich darauf zu konzentrieren.

Fokus Feinmotorik – Möglichkeiten der Schulvorbereitung (nicht nur) für Jungs

Wie eingangs erwähnt, ist die Feinmotorik bei den Mädchen in der Zeit vor dem Schuleintritt besser ausgeprägt als bei den Jungs (vgl. dazu das Kapitel „Jungs sind schwierig – oder?“). Ich habe die Erfahrung gemacht, dass dies neben der motorischen Unruhe derjenige Bereich ist, über den sich die meisten Eltern von Jungen – und auch die Erzieherinnen und Erzieher – im Hinblick auf die Schulfähigkeit am ehesten besorgt äußern.
Es ist offensichtlich, dass eine gut ausgebildete Feinmotorik zu Beginn der Schulzeit von Vorteil ist. Denken Sie hierbei nur einmal an die Anforderungen, die die Schule hinsichtlich des Schreibens stellt: Die Buchstaben und Zahlen müssen sehr häufig nachgespurt bzw. geschrieben und gleichzeitig noch exakt innerhalb der Schreiblinien angeordnet werden. Das Maß dieser Linien ist hierbei für ein Kind, das bisher wenig mit dem Stift gearbeitet hat, verhältnismäßig klein.

Wie sollte die feinmotorische Förderung von Jungs aussehen?

Aus dem eben erwähnten Grund ist die feinmotorische Förderung ohne Zweifel bei vielen Jungs ein Schwerpunkt im Rahmen der Schulvorbereitung. Der Fokus liegt jedoch meiner Erfahrung nach in vielen Kitas in diesem Bereich beim kreativen Arbeiten, besonders beim Malen. Damit sind aber gerade die Jungs nur schwer oder gar nicht zu erreichen. Wie also können wir feinmotorische Angebote so gestalten, dass sie für die Jungen interessant werden?

PRAXISTIPP

Für die Schulung der Feinmotorik bietet es Vorteile, wenn alle Vorschulkinder ein eigenes Federmäppchen in der Kindertagesstätte haben. Erfahrungsgemäß arbeiten die Kinder auch in der Freispielzeit lieber mit Stiften, wenn sie dafür ihr eigenes Mäppchen benutzen können. Und allein schon der Umgang mit dem Mäppchen, also beispielsweise das Einstecken der Stifte in die Gummibänder oder das Verschließen, schult die Feinmotorik. Darüber hinaus übt der Umgang mit dem eigenen Mäppchen auch das Ordnunghalten und die Verantwortungsübernahme für Gegenstände, die einem selbst gehören.

Ein Junge arbeitet auf dem Boden mit seinem Federmäppchen

Schreiben statt Malen

Ich habe häufig erlebt, dass das Schreiben – auch das Abschreiben – für viele Kinder interessanter ist als das Malen. Mit dieser vermeintlich größeren Herausforderung lassen sich die feinmotorischen Fertigkeiten aber in gleichem Maße schulen wie mit dem Malen. Ein Zugang über das Schreiben setzt jedoch voraus, dass sich die Erzieherinnen und Erzieher trauen, das Thema „Schrift" beherzt anzugehen. Dies ist leider in vielen Kindertagesstätten nicht selbstverständlich, wobei vor allem zwei Gründe dafür angeführt werden:

- Es könnte der Schule vorgegriffen werden und die Kinder würden sich dann in der Schule langweilen.
- Die Kinder könnten sich etwas „Falsches" angewöhnen, z. B. eine andere Schreibweise eines Buchstabens.

Gelegentlich werden diese Einwände sogar von den Schulen selbst formuliert. Betrachten wir den Zugang zur Schrift aber vom neugierigen, wissbegierigen Kind aus, das sich aus eigenem Interesse mit schriftsprachlichen Zeugnissen auseinandersetzt, dann sind diese Einwände nicht stichhaltig.

Ein knapp vierjähriger Junge gestaltete diesen Dinosauriercomic

Denn schon junge Kindergartenkinder zeigen ein natürliches Interesse an der Schrift und verfassen erste schriftsprachliche Zeugnisse.
Ermöglichen Sie es den Kindern also, in der Kindertagestätte zu schreiben. Sie werden dann Kinder erleben, die einen ganz ursprünglichen Zugang zur Schrift haben und dabei auch einen langen Atem zeigen. Sie werden erleben, wie verhältnismäßig lange Texte, die Ihnen von den Kindern diktiert wurden, von diesen wieder abgeschrieben werden oder wie unzählige Briefe an andere Kinder, die Eltern oder die Erwachsenen in der Kindertagesstätte verfasst werden (weitergehende Informationen dazu bei Zinke/Bostelmann u. a., 2005 und Blumenstock, 2004).
Besonders einfach zu realisieren ist die Auseinandersetzung mit Schrift im Rahmen einer Schreibwerkstatt.

Ein Junge schreibt auf dem Boden

HINTERGRUND

Was ist eine „Schreibwerkstatt"?

Eine Schreibwerkstatt ist im Wesentlichen eine Raumecke, ein optisch abgegrenzter Bereich oder auch nur ein Tisch in der Kita, wo für die Kinder offen zugänglich unterschiedliche Materialien zur Auseinandersetzung mit Schreiben und Schrift präsentiert werden.
Die Präsentation der Materialien folgt den Kriterien einer Lernwerkstatt (vgl. dazu das folgende Kapitel „Freiarbeit in der Vorschule – Individualität ernst nehmen"). Das bedeutet, dass sich die Kinder dem Thema hier selbstständig annähern und experimentell arbeiten können.
Geeignete Materialien für eine Schreibwerkstatt sind:

- eine Schreibmaschine
- unterschiedliche Schreibgeräte, wie z. B. Kugelschreiber, Schreibfedern, Tintenroller, Druckbleistifte, möglicherweise auch ein Füller
- eine vielfältige Auswahl an Papieren und Umschlägen sowie Formulare und Listen
- Anlauttabellen
- Schablonen und Lineale
- Tacker, Locher, Scheren und Klebstoff
- alte Zeitschriften und Kataloge zum Ausschneiden
- Anregungen für andere Schriften, z. B. einige chinesische Schriftzeichen

Ich mache in der Praxis gute Erfahrungen mit dem Abschreiben. Zum Teil lassen sich die Kinder ganze Briefe von mir vorschreiben, die sie dann mit erstaunlicher Ausdauer wieder abschreiben. Dabei achte ich, wenn ich selbst schreibe, bei den Buchstaben auf meinen eigenen Strich, um den Kindern bereits ein Vorbild für die später in der Schule übliche Schreibrichtung zu liefern. Ich führe die Kinder aber dann, wenn sie selbst schreiben, nicht an diesen Strich heran, um ihre Schreiblust nicht zu bremsen.

Sie sollten die Kinder in diesem Zusammenhang auf jeden Fall ermuntern, sich mit ihrem eigenen Namen auseinanderzusetzen. Den eigenen Namen schreiben und lesen zu können, ist zu Schulbeginn sehr hilfreich: Die Kinder können ihre Arbeiten dann selbst beschriften und der Name auf den Materialien wird von ihnen gleich wiedererkannt. Viele Kinder können bereits im Kindergarten ihren Namen schreiben. Falls sie dies noch nicht beherrschen, können Sie den Prozess unterstützen, indem Sie den Kindern kleine Zettel mit ihren Namen schreiben, die diese dann in ihren unterschiedlichen Fächern in der Kita aufbewahren. So haben die Kinder immer einen solchen Zettel zu Hand, wenn sie ihren Namen selbst schreiben wollen. Sie werden erstaunt sein, wie viel diese Zettelchen genutzt werden.

Übungen eines fünfjährigen Jungen zu seiner Unterschrift

AUS DEM KITA-ALLTAG

P. ist ein Junge in meiner Vorschulgruppe, der bisher noch kein großes Interesse am Arbeiten mit dem Stift gezeigt hat. Er ist nicht ungeschickt und seine Bilder sind recht ausdifferenziert. Allerdings hat er noch nie versucht, seinen Namen zu schreiben.
In der ersten Vorschulstunde wurden die Kinder dazu angeregt, ihre Hefte zu beschriften. Für die, die das noch nicht konnten oder wollten, übernahmen wir Erwachsenen das. Gleichzeitig boten wir den Kindern aber auch an, ihren Namen für sie aufzuschreiben, damit sie ihn dann kopieren könnten. P. entschied sich für diese Option und ihm gelang dies sofort problemlos. Er war sehr stolz auf das, was er geschafft hatte. Den ganzen Tag über erzählte er immer wieder: „Ich habe heute zum ersten Mal meinen Namen geschrieben, ich wusste gar nicht, dass ich das kann."

In vielen Kindertagesstätten werden die Kinder dazu motiviert, auszumalen. Dies geschieht, um das Erkennen und Berücksichtigen von Umrissen einzuüben, damit die Kinder später in der Schule beim Schreiben auf der Linie bleiben können. Vielen Kindern macht das Ausmalen Freude und durch die vielen kostenlosen Vorlagen, die heute im Internet zur Verfügung stehen, ist es ein Leichtes geworden, hier auch für die Jungs passende Themen zu finden.
Allerdings sind Ausmalbilder im Prinzip kein Angebot zur Kreativitätsförderung, denn so manches Kind hemmen sie in seiner Ausdrucksform, da es sich das gedruckte Bild selbst als Zielvorgabe setzt. Deshalb habe ich beim Einsatz von Ausmalbildern immer auch etwas Bauchschmerzen. Ich habe in der Praxis schon häufiger beobachtet, dass diejenigen Kinder, die wenig Interesse am Malen zeigen, es auch deshalb ungern tun, weil das von ihnen Geschaffene nicht ihren durch gedruckte Bilder beeinflussten Vorstellungen entspricht.
Wenn es um das Einüben des Erkennens von Linien geht, gebe ich aus diesem Grund dem Schreiben den Vorzug vor dem Ausmalen. Und dieses Schreiben kann auch ohne jede Buchstabenkenntnis erfolgen: Es gibt Kinder, die leidenschaftlich

gerne Formulare ausfüllen und dabei eine Art „Wellenschrift“ verwenden, oder andere, die in „Schullinien“ malen.

Das richtige Halten des Stifts

Bei vielen Kindern im Kindergartenalter entwickelt sich die Fähigkeit, einen Schreibstift korrekt zu halten, im Laufe der Zeit von ganz alleine. Diejenigen, die dies im letzten Kita-Jahr noch nicht können, sollten aber dabei unterstützt werden, es sich anzueignen. Die Schule setzt nämlich die Fähigkeit zum richtigen Halten des Stifts voraus und das hat mehrere Gründe:

- Das Schreiben wird damit wesentlich weniger anstrengend und ist ergonomisch vorteilhafter.
- Das Schriftbild wird flüssiger und besser lesbar.
- Das Schreiben mit dem Füller ist nur mit einer entsprechend korrekten Handhaltung möglich.

Das richtige Halten des Schreibstifts: Der Stift wird mit Daumen und Zeigefinger gehalten und die Innenseite des Stifts wird zur Stützung auf den Mittelfinger aufgelegt

Wird die Art und Weise, wie der Schreibstift gehalten wird, erst in der Schule korrigiert, dann wird dies für das Kind zu einer weiteren Herausforderung, die es zu meistern gilt. Deshalb sollte bereits im vorschulischen Bereich hierauf geachtet werden.
Die Hinführung zur Fähigkeit, den Schreibstift korrekt zu halten, erweist sich jedoch manchmal als nicht unproblematisch: Denn häufig sollten wir gerade bei denjenigen Kindern korrigierend eingreifen, die bisher sowieso erst wenig mit dem Stift gearbeitet haben und auch allgemein feinmotorisch noch nicht sehr versiert sind. Gleichzeitig wollen wir sie aber ermutigen, überhaupt mit dem Stift zu arbeiten. Da diese beiden Ziele einander nahezu ausschließen, wird die Begleitung beim Erwerb der Fähigkeit, einen Schreibstift korrekt zu halten, oft zu einem Balanceakt und erfordert große Sensibilität.
Es ist schwierig, hier zu korrigieren, ohne zu gängeln und dem Kind damit die Lust am Arbeiten mit einem Stift komplett zu vermiesen. Es gibt immer wieder Kinder, die aus diesem Grund das Arbeiten mit Stiften sogar völlig verweigern. Korrigieren Sie also sanft und vorsichtig und vermeiden Sie jedes Gängeln. Ich habe gute Erfahrungen damit gemacht, den Kindern genau zu erklären, warum es

Schreiben mit dem Stiftaufsatz

wichtig ist, den Stift richtig zu halten. Als besonders motivationssteigernd hat sich dabei das Argument herausgestellt, dass man später nur auf diese Weise mit dem Füller schreiben kann.
Es sollten jedenfalls alle Möglichkeiten genutzt werden, um die Kinder beim Erwerb der Fähigkeit, den Schreibstift korrekt zu halten, zu unterstützen. Aber auch hier gilt: Nicht jedes Hilfsmittel hilft jedem Kind. Es lohnt sich also, unterschiedliche Zugangsweisen auszuprobieren.
Das Erste, was ich in meiner Kita-Praxis den Kindern in diesem Zusammenhang anbiete, sind die üblichen Stiftaufsätze. Manchen Kindern hilft es, bei der Arbeit mit dem Stift eine Murmel in der Hand zu halten. Bei einigen Kindern hat es sich bewährt, kleine Gummibänder auf die Stifte aufzuziehen oder Stifte mit Kuhlen zu verwenden, um so den richtigen Haltepunkt zu markieren. Anderen Kindern fällt es leichter, mit kürzeren Stiften zu arbeiten, und wieder andere kommen besser mit Stiften zurecht, die am oberen Ende einen beschwerenden Aufsatz haben, beispielsweise einen großen Radiergummi.

Eine Murmel wird zwischen dem kleinen und dem Ringfinger in der Handinnenfläche gehalten und gleichzeitig dazu der Stift

Stifte mit Gummibändern helfen, den richtigen Haltepunkt zu finden

Rechtshänder oder Linkshänder?

Bei den meisten Kindern bildet sich bis zum Alter von ca. 4 Jahren eine bevorzugte Hand heraus. Wechselt ein Kind jedoch auch noch im letzten Jahr vor dem Schuleintritt die bevorzugte Hand, dann sollte die Händigkeit getestet werden. Dies kann bei einer Linkshänderberatung erfolgen oder bei einer in diesem Bereich erfahrenen Heil- oder Ergotherapeutin. Ich rege das in der Praxis auch bei denjenigen Kindern an, die eine sehr ungelenke Feinmotorik zeigen, ansonsten aber äußerst geschickt sind.
Manchmal ist die Entwicklung der Händigkeit auch durch die rechtshändig dominierte Umwelt beeinflusst. Deshalb sollten Sie versuchen, „Handwerkszeug", wie z. B. Schere oder Stifte, mittig zuzureichen oder das Besteck oberhalb des Tellers anzuordnen, damit das Kind selbst entscheiden kann, welche Hand es benutzen will. Ein Ausprobieren beider Hände muss unbedingt ermöglicht werden.

Schulung der Feinmotorik – es geht auch ohne Stift!

Die Schulung der Feinmotorik, besonders der Handgeschicklichkeit, muss nicht unbedingt mit Stiften erfolgen, denn es bietet sich hierfür auch vielfältiges anderes Material an. Besonders geeignet sind Materialien, die den Pinzettengriff und das differenzierte Arbeiten mit den Fingern üben. Es gibt nämlich auch Kinder, die besonders sensibel darauf reagieren, wenn man korrigiert, wie sie den Stift halten. Bei diesen Kindern verzichte ich ganz auf diese Korrektur und versuche, sie zunächst mit anderem Material als mit Stiften zu unterstützen.
Bei der Schulung der Feinmotorik habe ich auch gute Erfahrungen mit dem Knüpfen von Knoten gemacht. Insbesondere für viele Jungs ist es aufregender, solche Knoten zu lernen, als eine Schleife zu binden. Ist die Handmotorik aber erst einmal gut ausgebildet, dann ist auch die Schleife kein Problem mehr.

Kichererbsen werden mit einer Pinzette auf der Rückseite einer kleinen Rutschmatte platziert

Kichererbsen werden mit Stäbchen gegriffen

Ein einfacher Kreisel auf einem Tablett. Vor allem Jungs lassen auf dem Tablett gerne auch mehrere Kreisel miteinander „kämpfen“

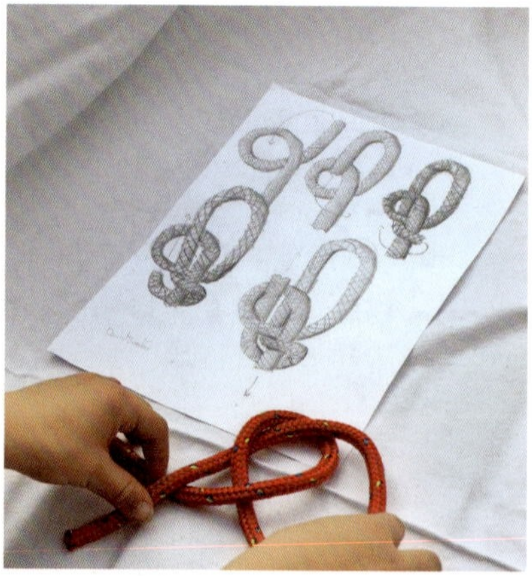

Ein Seil und eine vorgezeichnete Anleitung für den Palstek

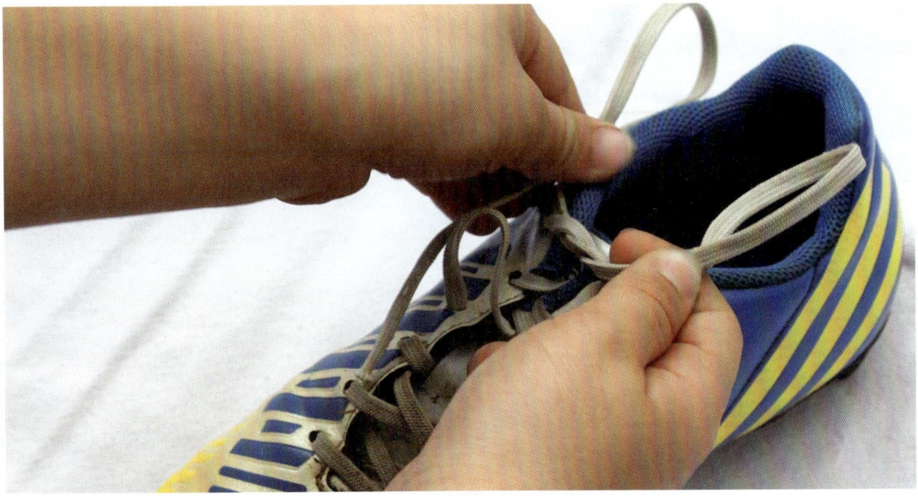

Ein Fußballschuh zum Üben der Schleife. Es ist einfacher, die Schleife zu lernen, wenn der Schuh vor einem steht. Der Fußballschuh ist für viele Jungs besonders motivierend

Eine Sandwanne mit Sieb. Die Kinder nutzen dieses Material besonders gerne, um ihre Hände zu lockern

Freiarbeit in der Vorschule – Individualität ernst nehmen

Was ist „Freiarbeit" und warum profitieren besonders die Jungs davon?

Wenn Sie die Kinder fragen, was sie in der Vorschule machen wollen, dann werden sie sicher auch „schulische" Themen, wie Schreiben und Rechnen, hören. Außerdem ist es ihnen besonders wichtig, Neues zu lernen und Zugang zu Dingen zu erhalten, die weitergehender sind als die sonst im Kindergarten „üblichen".
Ich vertrete die Vorstellung, dass das Lernen etwas ganz Individuelles ist, und möchte daher die unterschiedlichen Themen, Bedürfnisse und Kompetenzen der Kinder aufgreifen. Eine Vorschulstunde, in der alle Kinder dasselbe Arbeitsblatt bearbeiten, ist für mich kaum vorstellbar.
Auch wenn die Gruppe, mit der Sie arbeiten, sehr klein ist:

Ein Mädchen beschäftigt sich intensiv mit Buchstaben und dem Alphabet

Immer werden Sie unterschiedliche Interessen, Lernbedürfnisse, Lerngeschwindigkeiten und Kompetenzen antreffen. So befinden sich in Ihrer Gruppe beispielsweise Kinder, die schon beginnen zu rechnen, und andere, die noch dabei sind, kleinere Zahlenmengen zu erfassen. Oder es sind dort Kinder, die sich gerne und intensiv in einzelne Themen vertiefen, und solche, die gerne viele Dinge gleichzeitig oder hintereinander erledigen. Die Reihe der individuellen Unterschiede ließe sich endlos fortsetzen. Jedes uniforme Angebot, dass für die ganze Gruppe konzipiert ist, scheitert an der Herausforderung, dem gerecht zu werden. Eine Lösung bietet hier die Freiarbeit:

HINTERGRUND

Was ist „Freiarbeit"?

(vgl. dazu Bildungsserver Berlin-Brandenburg/Landesinstitut für Schule und Medien Berlin-Brandenburg (LISUM), o. J.)
Die Freiarbeit ist eine zunächst in der schulischen Bildung verbreitete Arbeitsform, die es den Kindern ermöglicht, ihren Lernprozess umfassend selbstbestimmt zu gestalten. Sie ist weniger eine Unterrichtsmethode als eine Haltung gegenüber dem Lernen. Die Lernenden entscheiden hier selbst über ihr Unterrichtsthema, über die Art, wie sie sich ihm nähern, über das Material und über die Zeit, die sie für ein bestimmtes Thema aufwenden wollen. Ebenso entscheiden sie selbst, ob sie alleine, zu zweit oder in einer Gruppe arbeiten wollen. Sie nutzen hierbei selbstständig ausgewählte Materialien, sie kontrollieren selbst und präsentieren auch ihre Ergebnisse selbst.

Viele Grundschullehrerinnen und Grundschullehrer praktizieren Freiarbeit immer wieder in ihrem Unterricht. Aber auch auf die Arbeit mit Vorschulkindern lässt sich diese Vorgehensweise wunderbar übertragen und auch hierbei profitieren wiederum besonders die Jungs: Denn die Freiarbeit stellt die persönliche Individualität und Selbstbestimmtheit der Kinder in den Mittelpunkt und ist daher auch besonders gut dafür geeignet, den individuellen Bedürfnissen, Wünschen und Entwicklungszielen der Jungs in der – meist von Frauen und weiblichen Rollenmodellen dominierten – Kita gerecht zu werden. Allerdings benötigt Freiarbeit Zeit. Sie sollten also jeweils mindestens eine Stunde dafür einplanen.

Ein Junge arbeitet konzentriert mit dem Gabelstapler-Material

Welches Material ist für die Freiarbeit geeignet?

Prinzipiell ist jedes Material für die Freiarbeit geeignet, das nicht ausführlich erklärt werden muss und das die Kinder sehr schnell selbsttätig spielen können. Die Themen der Materialien richten sich einerseits nach den Interessen der Kinder, andererseits aber auch nach den individuellen Förderschwerpunkten der Kindergruppe. Die Materialien ändern sich also im Laufe der Zeit und mit jeder Gruppe. Die im Folgenden beschriebenen Materialien sind daher nur als Anregung zu verstehen und nicht als ein fester Materialkanon für die Vorschularbeit. Ich verwende in meiner Vorschularbeit zudem auch Arbeitsblätter und Arbeitshefte. Viele Kinder mögen sie sehr gerne und arbeiten intensiv mit ihnen, andere nutzen sie nie. Ich stelle immer einen ganzen Fundus an Arbeitsblättern bereit und die Kinder wählen selbst aus. Wichtig ist, dass auch Arbeitsblätter vorhanden sind, die weitergehende Kompetenzen der Kinder integrieren, also beispielsweise Arbeitsblätter zum Rechnen – auch schon in einem größeren Zahlenraum –, zum Schreiben oder zur Uhr. Besonders beliebt sind meiner Erfahrung nach Arbeitshefte, d. h. kleine Heftchen, die fortschreitende Kompetenzen beinhalten, beispielsweise mit aufsteigend schwierigen Rechenaufgaben oder zur komplexer werdenden Lauterkennung.

Materialien zur Mathematik

Die Materialien zur Mathematik haben unterschiedliche Zielsetzungen. Zum einen sollte eine Fülle an Materialien angeboten werden, die das Erschließen des Zahlenraums und ein sicheres Erfassen von Mengen ermöglichen. Zum anderen sollten aber auch Materialien zur Verfügung stehen, die bereits das Rechnen ins Visier nehmen. Nicht wenige Kinder sind hieran schon sehr interessiert. Allgemein gilt für mathematisches Zahlenmaterial, dass es die 0 enthalten sollte. Zusätzlich sollten Sie darauf achten, dass nicht jedes Material bei 10 endet, sondern einiges auch darüber hinausgeht.

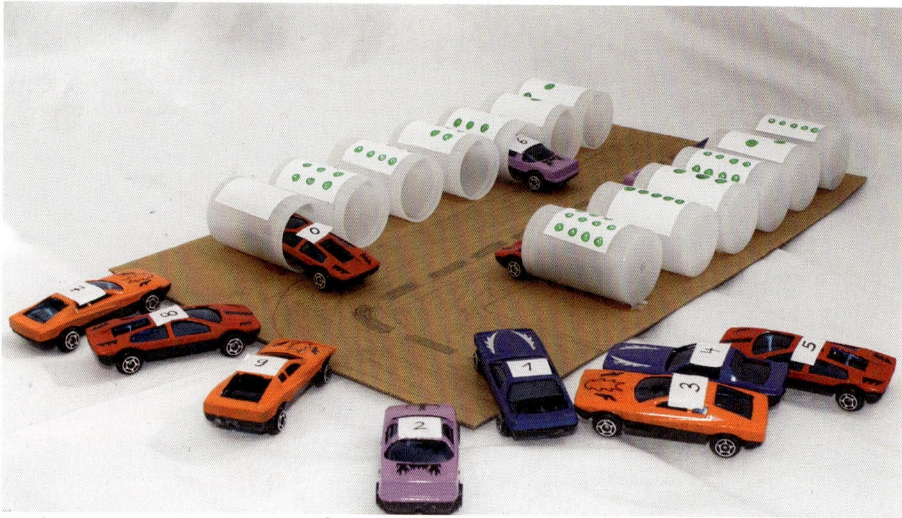

13 Garagen für 13 Autos. Auf die Autos sind Zahlen von 0 bis 12 aufgeklebt und die Garagen weisen Zettel mit Punkten im Zahlenraum von 0 bis 12 auf. Ziel ist es, die Autos den entsprechenden Garagen zuzuordnen

Zu diesem Material gehören 9 Töpfchen, auf die jeweils eine Anzahl von Fischen im Zahlenraum von 0 bis 8 gemalt ist, sowie 36 Fische und Zahlen-Büroklammern von 0 bis 8. Die Fische werden in der richtigen Anzahl in die Töpfchen gegeben und die entsprechenden Klammern werden an die Töpfchen gesteckt

Auch dieses Material beschäftigt sich mit dem Erfassen von Zahlenmengen. Zu ihm gehören Kärtchen mit den Zahlen von 0 bis 12 und Kärtchen mit der entsprechenden Anzahl von Punkten. Spielplättchen in unterschiedlichen Farben, die den Kärtchen in der korrekten Anzahl zugeordnet werden sollen, vervollständigen das Set

Ein Gabelstapler mit Paletten. Die Paletten sind mit Zahlen oder mit Punkten beschriftet. Ziel ist es, die jeweils zusammengehörenden Ziffern- und Punktepaletten aufeinanderzustapeln

Links: Dieses Material besteht aus 9 Glasschälchen, Ziffernmärkchen im Zahlenraum von 0 bis 8, Legesternen und Sternenstreifen. Die Kinder zählen die Legesterne in die richtigen Schälchen und ordnen die passenden Streifen zu

Unten: Zahlenwürfel und Ziffernkärtchen. Die Würfel haben auf einer Seite die Ziffern, auf einer anderen die entsprechende Anzahl von Punkten. Die Kärtchen vereinen Ziffern und Punkte und ein Zahlenstreifen stellt die Reihenfolge der Ziffern dar. Die Kinder arbeiten mit verschiedenen Kombinationen von Zuordnungen

Oben: Dieses Material beschäftigt sich mit dem Aufbau des Zahlensystems bis 99. Die Zehner werden mit orangen Stangen gelegt, die Einer mit weißen Würfeln. Die Kinder stellen so die Zahlen dar und schreiben sie auf die Vorderseite der Kärtchen. Auf deren Rückseite finden sie die Lösungen

Rechts: Spielgeldmünzen und -scheine ermöglichen eine Auseinandersetzung mit den Zahlen 5 und 10. Die Geldmünzen (1 und 2 Euro) und -scheine (5 und 10 Euro) sollen so angeordnet werden, dass sie jeweils 5 oder 10 Euro ergeben. Die Lösungsblätter dienen der Selbstkontrolle

Ein Rechenkasten. Die Rechenaufgaben befinden sich auf laminierten Blättern, die Lösungen werden mit abwaschbaren Folienstiften daraufgeschrieben. Auf der Rückseite der Blätter befindet sich jeweils die Lösung

Materialien zu Sprache und Literacy

Eine wesentliche Kompetenz, welche die Kinder zum Lesenlernen in der Schule benötigen, ist eine gute auditive Differenzierungsfähigkeit, d. h., die verschiedenen Laute sollen durch Hören unterschieden werden können. Das bereitet jedoch vielen Kindern im letzten Kita-Jahr noch Schwierigkeiten. Jungs, die ja bezüglich ihrer sprachlichen Entwicklung zu diesem Zeitpunkt etwas hinter den Mädchen liegen, sind davon in stärkerem Maße betroffen. Deshalb konzentriere ich mich bei der Schulung des Sprachehörens zunächst auf die Vokale. Die im Folgenden dargestellten Materialien können aber problemlos auch für Konsonanten verwendet werden. Ich habe die Erfahrung gemacht, dass manchen Kindern die Lauterkennung leichterfällt, wenn der Laut mit dem Buchstaben in Verbindung gebracht wird. Deshalb werden diese beiden Kompetenzen im folgenden Material kombiniert.

Stationenmaterial zu den Vokalen

Die folgenden Vorschläge umfassen unterschiedliche Materialien zu den Vokalen. Die Kinder arbeiten mit jeweils einem Stationenheft zu jedem Vokal. In diesem Heft wird von ihnen selbst die Bearbeitung der einzelnen Materialstationen dokumentiert.

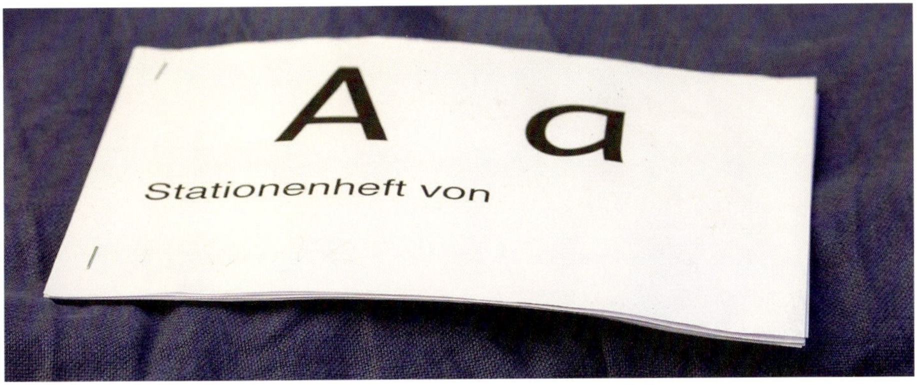

Stationenheft zum Vokal „A"

Die Kinder suchen aus den vorgelegten Gegenständen diejenigen heraus, die mit dem gerade bearbeiteten Vokal beginnen, also z. B. beim „A" die Ampel, und malen sie in ihr Stationenheft

Links: Die Kinder wählen aus den Fühlkarten den entsprechenden Buchstaben aus und fühlen ihn nach

Unten: Die Kinder wählen aus den Holzbuchstaben den jeweils passenden aus und umspuren ihn

Rechts: Hier wird der Buchstabe auf ein Papier gestempelt

Unten: Der Buchstabe wird in klein und groß mit Folienschreiber nachgespurt

Die Kinder schreiben den Buchstaben auf eine Tafel

Mit diesem Material können die Lautunterschiede am Anfang oder in der Mitte eines Wortes geübt werden. Dazu würfelt ein Kind mit dem Vokalwürfel. Anschließend spricht es den von ihm gewürfelten Vokal durch das Dosentelefon. Das erfordert, dass man ihn deutlich aussprechen muss. Der Spielpartner am anderen Ende des Dosentelefons zeigt dann entweder das entsprechende Buchstabenkärtchen oder ein Bild mit einem Gegenstand, in dessen Bezeichnung dieser Vokal vorkommt. Zusätzlich kann auch noch mit dem zweiten Würfel gespielt werden, der festlegt, wo in diesem Wort der Vokal vorkommen muss. Manche Kinder kommen hier aber auch ganz ohne Würfel aus

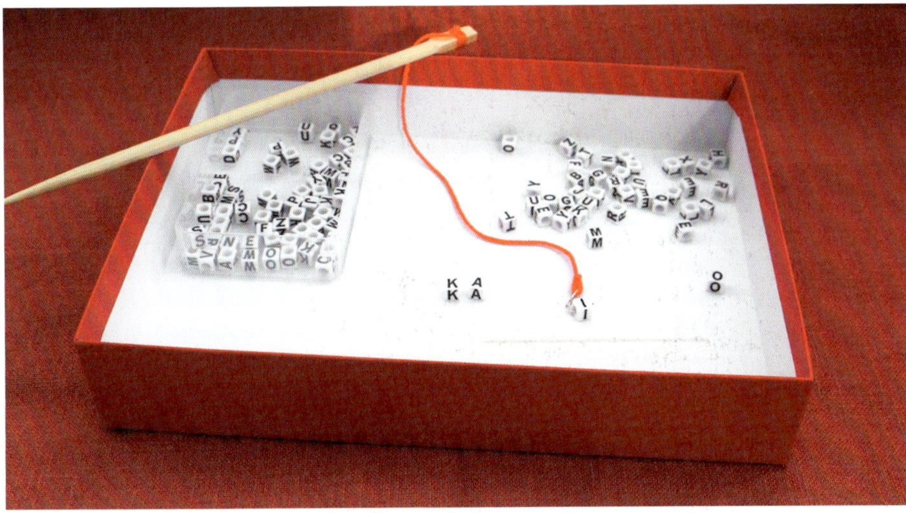

Die Kinder angeln ihren Namen oder andere Wörter aus einem „Buchstabensee". Dies ist zudem eine besonders große feinmotorische Herausforderung

Ein Anlaut-Leporello, der wie eine Anlaut-Tabelle funktioniert. Die Fotos auf dem Leporello haben die Kinder selbst gemacht

Sonstige Materialien

In meiner Kita-Praxis hat es sich bewährt, auch eine Reihe von klassischen Tischspielen zu präsentieren. Besonders beliebt sind hierbei neben „Mensch ärgere Dich nicht“ auch „Junior-Monopoly“ und Schach.
Schach ist ein Spiel, das Sie natürlich nur präsentieren können, wenn Sie es selbst ein wenig beherrschen. Es ist aber bei den Kindern so beliebt, dass ich Sie dazu motivieren möchte, extra dafür die Regeln zu lernen. Meiner Erfahrung nach gibt es immer einige Kinder, die bereits ein bisschen Schach spielen können und gelegentlich auch dazu bereit sind, es den anderen Kindern beizubringen. Wenn die anderen Interesse daran haben, dann werden sich irgendwann immer wieder ruhige Momente finden, in denen Sie die ersten Regeln vermitteln können. Ein Schachbrett animiert zudem dazu, eigene Spielideen zu entwickeln. Dies ist nicht nur erlaubt, sondern sogar erwünscht.

Zwei Jungs begeistern sich für Schach

PRAXISTIPP

In den 1970er-Jahren brachten einige Spieleverlage eine ganze Reihe von didaktischen Spielen zur Mengenerfassung, zur Mengenlehre und auch zum ersten Lesen heraus. Diese Spiele sind heute leider alle vergriffen, können aber mit etwas Glück noch gebraucht erworben werden. Die allermeisten davon sind sehr gut und die Kinder spielen sie sehr gerne.

Darüber hinaus nehme ich in meinen Materialfundus immer auch eine Reihe von Büchern auf. Ich stelle beispielsweise eine Kiste mit kleinen Pixi-Heften zur Verfügung, die die Kinder gerne betrachten. Außerdem versuche ich, eine Reihe von Sachbüchern anzubieten, die Themen betreffen, welche gerade in der Kindergruppe aktuell sind.

Wie werden die Materialien präsentiert?

Die Präsentation der Materialien erfolgt im Wesentlichen so, wie es in einer Lernwerkstatt üblich ist.

HINTERGRUND

Was ist eine „Lernwerkstatt“?

Eine Lernwerkstatt ist ein Raum oder ein Teil eines Raumes, in dem unterschiedlichste Materialien offen und für die Kinder zugänglich präsentiert werden. Alle diese Materialien können von den Kindern selbstständig und nach eigenen Ideen genutzt werden und sollen sie zum eigenen kreativen Forschen und Lernen ermutigen. Wichtig sind hierbei eine übersichtliche Präsentation der Materialien und eine gewisse Materialfülle.

Die offene Präsentation des Materials benötigt natürlich viel Platz. Meiner Erfahrung nach bietet sich eine Anordnung auf dem Tisch oder auf dem Boden an. Dabei ist es notwendig, dass alle Materialien zunächst vollständig angeordnet werden, denn nur so ist es ja möglich, dass sich die Kinder selbst erschließen können, welche Materialien es gibt und wie damit gearbeitet werden kann. Wenn sie die Materialien dann schon kennen, ist die vollständige Präsentation nicht mehr so wichtig. Lediglich neu hinzukommende Materialien müssen wieder auf diese ausführliche Weise präsentiert werden.
Wahrscheinlich wird es in den wenigsten Kindertagesstätten möglich sein, das Material permanent zu präsentieren. Auch ich räume es nach den Vorschulstunden immer wieder weg. Zur Aufbewahrung bieten sich große Kisten, ein eigener Schrank oder ein Regal an.

Die Freiarbeit in der Kita-Praxis

Für die Kinder sollte es nur wenige Regeln im Umgang mit dem Material geben. D. h., prinzipiell sollten sie es so benutzen dürfen, wie es ihren eigenen Lernbedürfnissen entspricht. Auch Zweckentfremden und Mischen ist also erlaubt. Es lohnt sich allerdings trotzdem, einige Vereinbarungen mit den Kindern zu treffen:

- Das Material wird mit der nötigen Vorsicht behandelt. Es wird also nicht mutwillig zerstört. Geht einmal etwas kaputt, dann wird dies einem Erwachsenen gezeigt.
- Wenn ein Material nicht weiter benötigt wird, dann wird es wieder in den Ausgangszustand versetzt, außer, ein anderes Kind spielt hier direkt weiter.
- Am Ende der Freiarbeitssequenz räumen alle gemeinsam auf.

Ein Junge arbeitet konzentriert mit dem Garagen-Material und kombiniert es mit den Gabelstaplerpaletten

- Wir achten unsere Arbeit auch untereinander. Das bedeutet, wir machen keine Arbeit von anderen schlecht und beurteilen deren Fähigkeiten nicht.
- Es muss nicht leise sein. Wir versuchen aber, allen Kindern eine angenehme Arbeitsatmosphäre zu schaffen und uns in dieser Beziehung gegenseitig zu achten. Wird es uns zu laut, dann teilen wir das mit und versuchen, gemeinsam eine Lösung zu finden.

Es bietet sich an, eine Freiarbeitseinheit mit einem kurzen Kreis zu beginnen. Dort kann dann auf neu hinzugekommenes Material hingewiesen werden und man kann auch noch einmal an die Regeln für den Umgang mit dem Material und mit den anderen Kindern erinnern. Ich persönlich frage die Kinder an dieser Stelle dann immer auch, mit welchem Material sie beginnen wollen. Dies hat vornehmlich den Hintergrund, die Kinder bei der Planung des eigenen Lernens zu unterstützen. Viele können sich sofort entscheiden. Manche, die etwas länger nachdenken müssen, fordern auch ein, dass sie erst einmal schauen möchten, was angeboten wird. Wieder andere kommen durch die Anregungen auf eigene Ideen. Manchmal notiere ich mir diese ersten Ideen, um für mich einen Eindruck zu bekommen, welche Materialien für die Kinder dauerhaft interessant bleiben könnten.
Anschließend wenden sich die Kinder den Materialien zu. In der Regel benötigen sie hierzu keine weitere Aufforderung. Die meisten finden auch schnell eine Aufgabe. Kinder, die bei der Auswahl etwas begleitet werden müssen, erlebe ich dagegen nur selten. In der Regel genügt es aber auch dann, ihnen einige Materialien vorzuschlagen.
Kein Material muss zu Ende gespielt werden. Wenn ein Kind ein Spiel oder eine Arbeit vorzeitig beendet, dann bedeutet das häufig, dass es nicht die richtige Wahl war. Die meisten Kinder, die das tun, wenden sich anschließend einem anderen Material zu und spielen dieses zu Ende. Wichtig ist jedoch, das Kind zu fragen, weshalb es das Material nicht weiterbearbeitet oder ein Spiel nicht weiterspielt. Denn manchmal ist es auch nur nötig, etwas Hilfestellung zu geben. Selten gibt es auch Kinder, die viele Spiele beginnen und keines zu Ende bringen. Zunächst kann auch dies zugelassen werden. Stellt sich aber heraus, dass dies die durchgängige Arbeitsweise des Kinders ist, dann benötigt es möglicherweise eine intensivere Begleitung.

Es ist zudem durchaus erlaubt, nichts zu tun – auch eine ganze Vorschulstunde lang. Die einzige Regel, die dabei gilt, ist, dass die anderen dadurch nicht gestört werden dürfen. In der Praxis habe ich oft die Erfahrung gemacht, dass diese Freiheit, nichts zu tun, für manche Kinder sehr bedeutsam ist. In der Regel machen sie davon auch immer nur kurz Gebrauch, es ist ihnen aber wichtig, diese Freiheit immer wieder einmal einfordern zu können.
Die freie Arbeit setzt auf selbstbestimmtes Lernen. Das bedeutet auch, dass der angebotene Zeitpunkt individuell von dem Kind als ungünstig angesehen werden kann. Jedes Kind kann auch die Pausen, die es benötigt, selbst wählen. Aber auch hier gilt die Regel, dass die anderen dadurch nicht gestört werden dürfen. Meiner Erfahrung nach sind die Kinder in ihren selbst gewählten Pausen ohnehin nicht laut oder besonders störend. Meist laufen sie einfach im Raum herum, kruscheln im Fühlmaterial oder betrachten in einer Ecke ein Buch. Vereinzelt gehen Kinder auch zum Rennen auf den Gang.
Die Möglichkeit, während der Freiarbeit den Platz zu wechseln oder auch mal zu reden, kommt gerade vielen „bewegten" Kindern – und somit auch vielen Jungs – sehr entgegen.
Sie werden erstaunt sein, wie selbstständig die Kinder arbeiten, wenn sie sich erst einmal an diese Vorgehensweise gewöhnt haben. In der Regel werden Sie eine ruhige Stunde erleben, in der Sie zwischendurch immer wieder mal Zeit haben werden, sich einzelnen Kinder intensiver zuzuwenden oder ein Material zu erklären.
Ich persönlich beschließe die Freiarbeitssequenz mit einem erneuten kurzen Kreis, der gelegentlich vor und gelegentlich auch nach dem Aufräumen stattfindet. Hierbei geht es dann darum, zu reflektieren, was der bzw. die Einzelne während der Freiarbeit gemacht hat. Die Kinder werden also gefragt, was sie alles getan haben, und die Gruppe versucht, ihre Aussagen zu vervollständigen. Die Kinder sind dabei häufig erstaunt darüber, wie viel sie geschafft haben.

Die Begleitung von Lernprozessen

Ein großer Vorteil der geschilderten Vorgehensweise ist neben der individualisierten Vorbereitung auf die Schule der Erwerb von lernmethodischen Kompetenzen.

HINTERGRUND

Was sind „lernmethodische Kompetenzen"?

(vgl. dazu Gisbert, o. J.)
„Als lernmethodische Kompetenzen bezeichnen wir solche Kompetenzen, die den Erwerb von Wissen fördern, indem beim Lernen soziale und individuelle Formen von Metakognition und Selbststeuerung eingesetzt werden." (Gisbert, o. J.)
Es geht demnach besonders darum, den Prozess des Lernens für das Kind erfahrbar zu machen und es zu einer Vorstellung vom eigenen Lernen gelangen zu lassen.

Einen Teil dieser lernmethodischen Kompetenzen erwerben die Kinder beim selbsttätigen Umgang mit dem Material. Sie eignen sich beispielsweise intuitive Erfahrungen dazu an, welches Material sie zum Arbeiten bevorzugen, wann sie eine Pause benötigen, wie sie diese gestalten möchten oder wo sie am liebsten arbeiten.
Um aus der Intuition ein bewusstes Wissen über das eigene Lernen zu machen, muss diese intuitive Erkenntnis gemeinsam mit den Kindern reflektiert werden. Hierfür bieten sich die Erfahrungen an, die sie während der Freiarbeit machen. Aber auch außerhalb der Freiarbeit ist dies eine wichtige Aufgabe der Erzieherin bzw. des Erziehers im Rahmen der Begleitung von Lernprozessen.

Erklären Sie den Kindern Ihre Vorgehensweise

Wichtig ist auch, dass Sie den Kindern immer Ihre Vorgehensweise erklären. Das beginnt damit, dass Sie ihnen erläutern, warum Sie unterschiedliches Material bereitstellen. Fragen Sie sie hierbei auch nach ihrer Meinung zum präsentierten Material und nach ihren Verbesserungsvorschlägen. Haben Sie einmal damit begonnen, dann werden Sie erstaunt feststellen, welche genauen Vorstellungen die Kinder davon entwickeln, was sie zum Lernen und Arbeiten benötigen. Begründen Sie den Kindern ferner auch, warum Sie sie nach ihren Vorstellungen fragen oder am Ende gemeinsam über das Ergebnis der Freiarbeit reflektieren.

Erläutern Sie einzelnen Kindern, warum Sie ihnen eine bestimmte Arbeitsweise vorschlagen

Manche Kinder kommen nicht von alleine darauf, auszuprobieren, ob sie lieber auf dem Boden oder im Stehen arbeiten wollen oder beispielsweise im Kreis beim Zuhören einen Handschmeichler in die Hand nehmen wollen. Dann können Sie diese Kinder dazu ermuntern, solche anderen Arbeitsweisen einfach einmal auszuprobieren. Sie sollten ihnen aber hierbei genau erklären, warum Sie das vorschlagen. Denn es ist wichtig für ein Kind, das beispielsweise nur schwer still sitzen kann, seine Eigenschaft zu kennen und hierfür Lösungen parat zu haben.

Nehmen Sie nie Wertungen vor

Es gibt keine guten oder schlechten Arbeitsweisen, sondern nur unterschiedliche. Manche davon werden mit den schulischen Anforderungen besser zusammenpassen als andere, aber besser oder schlechter sind sie deshalb nicht. Es ist wichtig, dass die Kinder eine Vorstellung davon bekommen, was ihnen beim Lernen hilft. Es ist jedoch genauso wichtig, dass sie ihre individuellen Eigenheiten nicht als negativ für die Schule empfinden.

Nehmen Sie die Wünsche und Bedürfnisse der Kinder ernst

Viele Kinder haben sehr klare Vorstellungen davon, was sie lernen wollen. Aus verschiedensten Gründen tun wir uns aber gelegentlich schwer damit, dies zu akzeptieren. Ein Grund hierfür ist z. B., dass die Wünsche in einer Gruppe manchmal sehr unterschiedlich sind, ein anderer, dass wir der Schule nicht vorgreifen wollen. Aus meiner Sicht sollten wir aber versuchen, jedem Kind das Lernen derjenigen Themen zu ermöglichen, die es gerne lernen möchte. Manchmal kann das über Material geschehen, manchmal über Bücher und manchmal, indem man kleine Sequenzen in der Freiarbeit nutzt, um einzelnen Dinge zu erklären.

Stehen Sie als Ansprechpartner zur Verfügung

Natürlich können Sie nicht allen Kindern immer als Ansprechpartner zur Verfügung stehen. Aber das wissen die Kinder und sie akzeptieren es in der Regel auch. In meiner Kita-Arbeit hat sich in der Praxis folgende Vorgehensweise bewährt: Ich wähle für mich einen Platz aus und bleibe dort relativ statisch. Die Kinder, die Fragen haben oder etwas präsentieren wollen, kommen dann zu mir. Wenn sie etwas Zeitaufwendigeres erklärt haben möchten, dann setzen sie sich neben mich. Ich unterbreche diese Erklärung dann jedoch auch immer wieder für andere Kinder. Außerdem bietet es sich an, Listen zu führen, wenn ein „Fragenstau“ entsteht. Häufig bitte ich auch andere Kinder, mich dabei zu unterstützen, was bei ihnen sehr beliebt ist.

Weibliche Entwicklungsbegleiter für Jungs – was ist zu beachten?

Der frühpädagogische Bereich wird nach wie vor von Frauen dominiert. Dies ist vor allem für Jungs von Nachteil. Aber solange das so ist, muss mit diesem Umstand umgegangen werden. Zwar können wir Frauen die eigentlich notwendige männliche Komponente in den Kindertageseinrichtungen nicht ersetzen, es lohnt sich aber, das eigene pädagogische Tun im Hinblick auf den Umgang mit Jungs zu reflektieren:

Die spezifische Anstrengungsbereitschaft von Jungs unterstützen

Jungen zeigen, wie im Vorhergehenden erläutert, in anderen Bereichen Anstrengungsbereitschaft als Mädchen. Daher ist es wichtig, diese spezifisch „männliche" Anstrengungsbereitschaft der Jungen zu erkennen und zu unterstützen:

- Versuchen Sie bei Jungs verstärkt, das Erreichen der von ihnen selbst gewählten Ziele anzuerkennen und zu loben, auch wenn sie im Alltag der Kindertagesstätte oft anstrengend sind (Stichworte „besonders hoch", „besonders schnell", „besonders stark").
- Reflektieren Sie typisch weibliche Anforderungen an das bzw. Vorstellungen vom Spielverhalten. Muss z. B. der Sinn eines Spiels für uns Frauen immer erkennbar sein?
- Denken Sie über die Frage nach, was Sie selbst für eine angemessene Spielatmosphäre halten und wie die Kinder, speziell die Jungs, das sehen. Die Kinder stört z. B. eine gewisse Geräuschkulisse oder etwas Durcheinander auf dem Boden oft überhaupt nicht.

- Nehmen Sie das Toben als wichtige Spielhandlung ernst, und dies vor allem bei den Jungs.
- Denken Sie darüber nach, was Sie aus Ihrer weiblichen Perspektive als „richtiges Spiel" empfinden und was die Jungs darunter verstehen.

Großflächiges Malen mit Fingerfarben auf dem Boden

Das Kommunikations- und Konfliktverhalten von Jungs verstehen

Wie erwähnt, unterscheidet sich das Kommunikations- und Konfliktverhalten von Jungs schon im Kindergartenalter von dem der Mädchen (vgl. dazu das Kapitel „Jungs sind schwierig – oder?“). In der Praxis haben sich folgende Vorgehensweisen bewährt, wenn es um Konflikte und das Einhalten von Grenzen, vor allem bei Jungs, geht:

- Erwarten Sie nicht immer, dass das Kind versteht, warum Sie eine Grenze setzen. Erklären Sie zwar stets, warum Sie so handeln, lassen Sie sich dabei aber nicht in Diskussionen verstricken.
- Machen Sie „klare Ansagen“.

Zwei Jungen, in ein Gespräch vertieft

- Wenn der Konflikt im Akutstadium ist, erweist es sich meist als ungünstig, einen Klärungsversuch zu unternehmen. Verschieben Sie das auf später.
- Lassen Sie die Kinder ihre Konflikte, soweit es möglich ist, alleine lösen. Greifen Sie vor allem dann nicht ein, wenn von keiner Seite Hilfe gewünscht wird.
- Greifen Sie auch bei körperlichen Auseinandersetzung, mit denen die Jungs des Öfteren ihre Konflikte austragen, nicht sofort ein. Beobachten Sie das Geschehen aber genau, um gegebenenfalls schnell intervenieren zu können.
- Versuchen Sie, den Kindern bei Ihrer eigenen Interaktion mit ihnen und mit Kolleginnen und Kollegen ein positives Vorbild bezüglich des Konfliktverhaltens zu geben.

Typisch jungenhaftes Verhalten aushalten

- Versuchen Sie, die Wildheit und den motorischen Überschwang mancher Jungs zu akzeptieren und nicht als etwas zu sehen, was unbedingt verändert werden muss.
- Jungen setzen sich mit typisch männlichen Rollenklischees auseinander. Sie spielen Superhelden nach oder benehmen sich zuweilen sehr machohaft. Versuchen Sie, dieses Verhalten als wichtig für die Entwicklung der Jungs zu betrachten.
- So schwierig es auch ist: Lassen Sie konfliktorientierte Auseinandersetzungen im Spiel der Jungs zu. Sicherlich können Sie hierfür gemeinsam mit den Kindern Regeln festlegen, aber völlig tabuisieren sollten Sie solche Spielformen nicht. In meiner eigenen Kita-Praxis hat sich hier folgendes Vorgehen bewährt: Die Kinder wissen, dass ich „kriegerische" Spielhandlungen nicht mag und auf keinen Fall an ihnen teilnehme. In einem gewissen Rahmen können sie solche Spiele aber auch in meiner Vorschulstunde durchführen, z. B., wenn sie nach ihren eigenen Regeln Schach spielen. Wenn ich mich den Kindern dabei zuwende, sagen sie mir aber dann auch, dass dies kein Spiel für mich sei.

Gedanken zum Schluss

„Alles schön und gut," werden nun manche von Ihnen einwenden, „aber sind die Kinder dann später in der Schule nicht mit einer völlig anderen Situation konfrontiert? Jetzt haben sie doch in der Vorschule gar nicht gelernt, nach Ansage der Lehrerin oder des Lehrers zu arbeiten, und still auf dem Stuhl sitzen können sie nun auch nicht ..."
Hierzu möchte ich zwei Dinge anmerken: Zum einen verändern sich auch die Schulen. Auch dort setzt sich immer mehr die Erkenntnis durch, dass die Kinder nicht nur am Tisch arbeiten können. Auch dort finden immer mehr freie Arbeitsformen ihren Platz, aus denen die Kinder das für sie Geeignete auswählen können (vgl. dazu stern EXTRA 03/2014 – Schule und Erziehung, 2014).

AUS DEM KITA-ALLTAG

Eine Junge aus der Vorschule sagte mir zum Ende des Kindergartenjahres, als wir gerade ein Wasserfarbenbild malten und er dabei auf dem Boden arbeitete: „Ich glaube, ich sitze in der Schule besser alleine, weil ich immer so viel Platz für meine Arbeit brauche."

Zum anderen haben Sie den Kindern in einer Schulvorbereitung, die auf offene Lernformen setzt, einen großen Entscheidungsspielraum eingeräumt. Nimmt man aber auf diese Weise ihre grundlegenden Bedürfnisse ernst, dann gewinnen sie sehr stark an Selbstbewusstsein. Die Kinder haben die Erfahrung gemacht, dass ihre Meinung wichtig ist, sie kennen ihre eigenen Stärken und Schwächen und haben viel über das eigene Lernen gelernt. All das sind Kompetenzen, die auch in konventionellen schulischen Strukturen einen großen Vorteil darstellen.

Literatur

Bücher und Aufsätze

Beudels, Wolfgang: Gegen Gewalt ankämpfen: Ringen und Raufen als präventives Angebot im Kindergarten, in: motorik, H. 1/2008, S. 25–34.

Bildungsserver Berlin-Brandenburg/Landesinstitut für Schule und Medien Berlin-Brandenburg (LISUM): Freiarbeit – Freiheit in der Arbeit – Freiheit wovon?, Ludwigsfelde-Struveshof o. J., unter: http://bildungsserver.berlin-brandenburg.de/2836.html (letzter Zugriff am 6.2.2015).

Blossfeld, Hans-Peter; Bos, Wilfried u. a.: Geschlechterdifferenzen im Bildungssystem (Jahresgutachten des Aktionsrats Bildung), München 2009.

Blumenstock, Leonhard: Spielerische Wege zur Schriftsprache im Kindergarten, Beltz, Weinheim/Basel 2004.

Cwik, Gabriele (Hrsg.): Jungen besser fördern. Denkanstöße, Praxisideen für die Klassen 1 bis 4, Cornelsen, Berlin 2009.

Diefenbach, Heike: Jungen und schulische Bildung, in: Matzner/Tischner, 2012, S. 109–126.

Frühförderung Kinderhilfe Erlangen: Stifthaltung. Warum sie wichtig ist und was man für die richtige Stifthaltung tun kann, Erlangen o. J., unter: www.fruehfoerderung-erlangen.de/service/wissenswertes/stifthaltung.html (letzter Zugriff am 6.2.2015).

Gisbert, Kristin: Lernmethodische Kompetenz: Wie Kinder das Lernen lernen, München o. J., unter: www.ifp.bayern.de/veroeffentlichungen/infodienst/gisbert-lernen.html (letzter Zugriff am 6.2.2015).

Hannover, Bettina; Schmidthals, Karoline: Geschlechtsdifferenzen in der Entwicklung, in: Hasselhorn/Schneider, 2007, S. 419–428.

Hasselhorn, Marcus; Schneider, Wolfgang (Hrsg.): Handbuch der Entwicklungspsychologie, E-Book-Fassung, Hogrefe, Göttingen/Bern 2007.

Kommission „Anwalt des Kindes“ im Ministerium für Bildung, Frauen und Jugend Reinland-Pfalz: Die erreichbare Ferne. Anstrengungsbereitschaft – eine „Tugend“ auf dem Prüfstand!?, Mainz 2003, unter: http://anwalt-des-kindes.bildung-rp.de/fileadmin/user_upload/anwalt-des-kindes.bildung-rp.de/empfehlungen/empf24.pdf (letzter Zugriff am 6.2.2015).

Krenz, Armin: Ist mein Kind schulfähig? Ein Orientierungsbuch, 4. Aufl., Kösel, München 2006.

Matzner, Michael; Tischner, Wolfgang (Hrsg.): Handbuch Jungen-Pädagogik, 2. Aufl., Beltz, Weinheim/Basel 2012.

Matzner, Michael; Tischner, Wolfgang: Grundsätze einer jungengerechten Pädagogik, in: Matzner/Tischner, 2012, S. 421–444.

Niesel, Renate: Schulreife oder Schulfähigkeit – was ist darunter zu verstehen?, München 2001, unter: www.familienhandbuch.de/schule/schulfahigkeitschulreife/schulreife-oder-schulfahigkeit-was-ist-darunter-zu-verstehen (letzter Zugriff am 6.2.2015) (Niesel, 2001a).

Niesel, Renate: Geschlechterdifferenzierende Pädagogik im Kindergarten – neue Perspektiven, Würzburg 2001, in: Textor, Martin R. (Hrsg.): Online-Handbuch Kindergartenpädagogik, unter: www.kindergartenpaedagogik.de/580.html (letzter Zugriff am 6.2.2015) (Niesel, 2001b).

Rohrmann, Tim: Starke Mädchen – starke Jungen! Geschlechterbewusste Pädagogik als Schlüssel für Bildungsprozesse in der Kita, 2. Aufl., Berlin 2010, unter: http://sfbb.berlin-brandenburg.de/sixcms/media.php/5488/Starke%20Mädchen,Starke%20Jungen_Geschlechterbewusste%20Pädagogik%20als%20Schlüssel%20für%20Bildungsprozesse%20in%20der%20Kita.pdf (letzter Zugriff am 6.2.2015).

Rohrmann, Tim: Gender in Kindertageseinrichtungen. Ein Überblick über den Forschungsstand, München 2009, unter: www.dji.de/fileadmin/user_upload/bibs/Tim_Rohrmann_Gender_in_Kindertageseinrichtungen.pdf (letzter Zugriff am 6.2.2015).

Rohrmann, Tim; Wanzeck-Sielert, Christa: Mädchen und Jungen in der KiTa. Körper – Gender – Sexualität, Kohlhammer, Stuttgart 2014.

Schmidt, Nicola: Loben lernen, in: Süddeutsche Zeitung vom 23.3.2010, unter: www.sueddeutsche.de/wissen/motivation-von-kindern-loben-lernen-1.3831 (letzter Zugriff am 6.2.2015).

Schumann, Marlies: Projektarbeit. Nicht das Ergebnis zählt, sondern der Weg dorthin, in: kindergarten heute, H. 9/2010, S. 17–22.

stern EXTRA 03/2014 – Schule und Erziehung, Gruner & Jahr, Hamburg 2014.

Textor, Martin R.: Projektarbeit im Kindergarten, Würzburg 1999, in: Textor, Martin R. (Hrsg.): Online-Handbuch Kindergartenpädagogik, unter: www.kindergartenpaedagogik.de/362.html (letzter Zugriff am 6.2.2015).

Träbert, Detlef: Wie können wir die Lernmotivation von Kindern fördern?, München 2012, unter: www.familienhandbuch.de/schule/schulprobleme/wie-konnen-wir-die-lernmotivation-von-kindern-fordern (letzter Zugriff am 6.2.2015).

WIdO – Wissenschaftliches Institut der AOK: Immer mehr Kinder brauchen vor dem Schulstart Hilfe beim Sprechenlernen. Pressemitteilung zum Heilmittelbericht 2013, Berlin 2013, unter: www.wido.de/fileadmin/wido/downloads/pdf_heil_hilfsmittel/wido_hei_pm-hmb2013_1213.pdf (letzter Zugriff am 6.2.2015).

Zimmer, Renate: Handbuch der Bewegungserziehung. Grundlagen für Ausbildung und pädagogische Praxis, 13. Aufl., Herder, Freiburg i.Br. 1993.

Zinke, Petra; Bostelmann, Antje; Metze, Thomas (Hrsg.): Vom Zeichen zur Schrift. Begegnungen mit Schreiben und Lesen im Kindergarten. Ein Werkstattbuch, Beltz, Weinheim/Basel 2005.

Datengrundlagen

Statistisches Bundesamt, Wiesbaden (Hrsg.): Schulen auf einen Blick. Ausgabe 2014, Wiesbaden 2014, unter: www.destatis.de/DE/Publikationen/Thematisch/BildungForschungKultur/Schulen/BroschuereSchulenBlick0110018149004.pdf (letzter Zugriff am 6.2.2015).

vbw –Vereinigung der Bayerischen Wirtschaft e.V. (Hrsg.): Geschlechterdifferenzen im Bildungssystem – die Bundesländer im Vergleich. Fakten und Daten zum Jahresgutachten 2009, München 2009, unter: www.aktionsrat-bildung.de/fileadmin/Dokumente/Dokumentation_2009.pdf (letzter Zugriff am 6.2.2015).

Materialquellen im Internet

Eine besonders ergiebige Seite im Internet für Arbeitsblätter oder Spielideen ist: LL-Web: Lernmaterial von Lehrer/inn/en, unter: http://wegerer.at (letzter Zugriff am 6.2.2015).

Dank

Mein erster und größter Dank gilt all den Kindern, die ich beim Übergang in die Schule begleiten durfte. Von jedem und jeder Einzelnen von ihnen habe ich etwas gelernt. Darüber hinaus gilt mein Dank auch dem „Haus für Kinder“ in der Säbener Straße in München und hier besonders der Kita-Leiterin, die mich mein Konzept der Schulvorbereitung uneingeschränkt realisieren ließ und somit dazu beigetragen hat, dass ich all das, was ich in diesem Buch schildere, auch in der Praxis ausprobieren konnte.

SIEBEN KLEINE GEISSLEIN

SZENISCHES SPIEL

Material: Requisiten (Stühle, Decken, Plastikwanne, großer Karton etc.) und evtl. auch Kostüme (selbst gebastelte Wolfs- und Ziegenohren (siehe S. 43), Bäckermütze und Krämerhut) für das szenische Spiel, evtl. Instrumente (z. B. Pauke, Holzblocktrommel, Rasseln) zur Begleitung

Wenn das „Lied von den sieben Geißlein“ immer wieder mit Kindern gesungen wird, kann nach und nach ein szenisches Spiel daraus entstehen und evtl. sogar aufgeführt werden. Durch die vielen Wiederholungen und die lebendige Melodie prägt sich das Lied schnell ein. Die Kinder verteilen die Rollen der Geißenmutter, der sieben jungen Geißlein, des Wolf, des Krämers und des Bäckers untereinander. Dann wird ein geeigneter Ort zum Spielen gesucht. Die Wohnung der Geißenfamilie inklusive der Verstecke kann z. B. folgendermaßen aufgebaut werden: Zwei zusammengeschobene Stühle, die mit Decken und Kissen bedeckt werden, bilden das Bett, eine Plastikwanne wird zur Waschschüssel, ein großer Karton – bemalt oder beklebt – zur Wanduhr usw. Als weitere Requisiten werden zusammengesucht: ein Stück Kreide, eine Schüssel für den Kuchenteig des Bäckers usw. Evtl. können sich die Kinder für das szenische Spiel auch kostümieren. Den Kindern genügt es meist, wenn sie Wolfs- bzw. Ziegenohren tragen (siehe dazu die Bastelanleitung auf S. 43) sowie als Krämer oder Bäcker einen Hut.
Gespielt wird während des Singens. Mit der Zeit übernehmen die Kinder dann auch beim Singen „ihre“ Rollen, d. h., der Wolf singt dann alleine: „Macht mir auf, ihr Kinderlein, ...“ oder die Geißenmutter: „Haltet fein die Türe zu, ...“
Wenn mehr Kinder beteiligt sind, als Rollen vergeben werden können, kann das Märchen-Spiellied auch mit Instrumenten begleitet werden. Beispielsweise kann bei „O Schreck, o schreck, o schreck!“ die Pauke geschlagen werden, das Klopfen an die Tür wird auf der Holzblocktrommel hörbar gemacht und bei „meck, meck, meck, meck, meck“ kommen Rasseln zum Einsatz.

WOLFSPFOTE

SPIEL

Material: weiße Theaterschminke oder fettreiche Creme

Alle Kinder schlüpfen in die Rolle des bösen Wolfs: Sie teilen sich in zwei Gruppen und gehen in zwei verschiedene Räume, die durch eine Tür miteinander verbunden sind (z. B. den Gruppenraum und den Flur). Dann bestreicht jeder eine „Pfote“ (d. h. eine Hand) mit „Kuchenteig“ (d. h. weißer Theaterschminke oder fettreicher Creme).
Nun klopft im Wechsel mal aus der einen, mal aus der anderen Gruppe ein Kind an die Tür und zeigt seine weiße Wolfspfote, ohne zu sprechen. Die jeweils andere Gruppe hat drei Versuche, um zu erraten, welches Kind gerade seine Wolfspfote durch die Tür steckt.

Wilma Osuji

Märchen für Jungs

92 Seiten, verdeckte Spiralbindung, farbig illustriert, Notensatz, inkl. Musik-CD
ISBN 978-3-7698-2096-6

Jungs bevorzugen andere Märchen als Mädchen. Hier ist die jungstaugliche Märchensammlung mit einer Menge fantastischer Aktivitäten, wie z. B. dem gemeinsamen Spielen, Werken, Singen und Experimentieren. Inkl. Lieder-CD.

Weitere Titel der Jungs-Reihe

Ein Traum-Baumhaus aus Tonpapier konstruieren, mit Fahrradreifen drucken, ein Monster aus Recyclingmaterialien basteln und einen Christbaum aus Holz bauen – diese Kunst-Aktionen von Gabi Scherzer locken vor allem Jungs aus der Reserve und geben ErzieherInnen und LehrerInnen die Möglichkeit, Jungen gezielt in ihrer Kreativität zu fordern und zu fördern. Und wenn da die Mädchen mitmachen wollen? Nur zu! Die Jungs sind bestimmt keine Spielverderber.

120 Seiten, Spiralbindung, Farbfotos
ISBN 978-3-7698-2094-2

Die Themen der Förderspiele, Bewegungsangebote und Lieder in der Kita sprechen oft und überwiegend die Mädchen an. Um Jungs bewusster sprachlich, musisch und motorisch fördern zu können, gibts jetzt ihre Lieblingsthemen als fetzige Bewegungshits, Tänze, Klang-, Klatsch- und Sprech-Spiele von Elke Gulden und Bettina Scheer. Dazu erhältlich: die CD mit allen Liedern und Zusatzmaterial, top arrangiert von Ralf Kiwit.

Buch
120 Seiten, Spiralbindung, farbig illustriert, Notensatz
ISBN 978-3-7698-2088-1

Audio-CD
56 Minuten Spielzeit
ISBN 978-3-7698-2112-3

DON BOSCO

Don Bosco – Kompetenz für Kita und Schule

128 Seiten, kartoniert, farbig illustriert, Notensatz, inkl. Musik-CD
ISBN 978-3-7698-2092-8

120 Seiten, kartoniert, Farbfotos
ISBN 978-3-7698-2131-4

96 Seiten, kartoniert, S/W-illustriert
ISBN 978-3-7698-2015-7

120 Seiten, kartoniert, S/W-illustriert
ISBN 978-3-7698-1981-6

DON BOSCO

Der Kita-Alltag fein dosiert

Das pralle Leben: Alles, was den Alltag mit Kindern in der Kita erst liebenswert macht, bringt Bettina Nutz in ihren Kita-Cartoons auf den Punkt: Vom Umgang mit Kompromissen im Kindergarten über das Erlernen der Zauberworte bis hin zur Vorbildfunktion der Erzieherin bzw. des Erziehers. Jede Zeichnung ist ein lustiger Volltreffer und vermittelt, dass Bildungs- und Erziehungsarbeit dann am schönsten sind, wenn es so richtig „menscheln" darf. 20 Postkarten mit 10 verschiedenen Motiven in einer schicken und hochwertigen Metalldose. So können Sie jeweils eine der Karten Ihrer Kollegin oder Ihrem Kollegen schenken – und die andere Karte selbst behalten!

20 Postkarten im Format 11,5 x 15,5 cm, 10 Motive, farbig illustriert, in Metalldose
EAN 426017951 262 9

DON
BOSCO